ONLY CONNECT

痴迷

让顾客疯狂下单，仅需一个好故事

[英]罗伯特·迈厄尔（Robert Mighall）◎著
肖剑◎译

| 1 | 立即购买 |

中国友谊出版公司

图书在版编目（CIP）数据

痴迷/（英）罗伯特·迈厄尔著；肖剑译.－－北京：中国友谊出版公司，2021.3

书名原文：Only Connect

ISBN 978-7-5057-5145-3

Ⅰ.①痴… Ⅱ.①罗… ②肖… Ⅲ.①品牌营销 Ⅳ.① F713.3

中国版本图书馆 CIP 数据核字（2021）第 027801 号

© Robert Mighall 2014
Copyright licensed by LID Publishing
arranged with Andrew Nurnberg Associates International Limited

书名	痴迷
作者	［英］罗伯特·迈厄尔
译者	肖　剑
出版	中国友谊出版公司
发行	中国友谊出版公司
经销	新华书店
印刷	河北鹏润印刷有限公司
规格	880×1230 毫米　32 开 7 印张　111 千字
版次	2021 年 3 月第 1 版
印次	2021 年 3 月第 1 次印刷
书号	ISBN 978-7-5057-5145-3
定价	48.00 元
地址	北京市朝阳区西坝河南里 17 号楼
邮编	100028
电话	(010) 64678009

前　言

两份履历的故事

先分享一下本人的故事，更确切地说，是我的"品牌故事"。

几年来，我一直保留着两份履历。第一份履历展现了我曾作为一名英国文学研究员，任职于牛津大学以及后来担任《企鹅经典》系列丛书（the Penguin Classics series）编辑的经历。履历上面罗列了我所撰写的书籍，包括维多利亚时期哥特式小说的学术研究、浪漫主义诗人约翰·济慈（John Keats）的传记以及我对奥斯卡·王尔德（Oscar Wilde）和威廉·莎士比亚（William Shakespeare）等作家的作品介绍。我还写了一部关于阳光的文化史，体现了我对阳光的痴迷。但是，诚如履历所现，这些与我现如今所从事的职业关联度并不高，所以我需要第二份履历。

从企鹅出版集团离职之后，我很偶然地涉足了企业品牌推广领域,且从那以后我便一直从事该领域的工作。我有一位老朋友,他任职于一家代理机构,当时他们正在为一个项目命名,急需从外部寻找一些可以进行头脑风暴的人来推进项目。"你所擅长的是舞文弄墨,而这正是我们所迫切需要的。"他如是说。于是我全力以赴,列出了一长串名单。这份名单得到了代理机构的高度认可。继而,他们邀请我做了他们的顾问。我对他们坦诚相告,我对品牌知之甚少,就更别提品牌所涉及的商业领域了。但他们看中的是我的潜力,我也成功地抓住了机会。所以,多年之后,在企业品牌领域,我的第二份履历所展现的是一个截然不同的故事。

我的两份履历反映出了英美社会中的一个明显矛盾,那就是,艺术与商业、高雅文化与复杂金融之间相互怀疑,甚至存在敌意。这种矛盾至少可以追溯到维多利亚时代,当时的新工业领袖们有意识地拒绝了没落的贵族世界。他们中许多人不信教,这意味着他们被牛津、剑桥拒之门外——牛津、剑桥只招收英国圣公会教徒,且在那里学习希腊和罗马经典被认为是绅士教育的重要组成部分。当诗人马修·阿诺德(Matthew Arnold)的《文化与无政府状态》(*Culture and Anarchy*)创造了"市侩"一词来描述这些实业家在追求利润过程中对文化的冷漠时，这个标签就被贴上了，矛盾就此被固化。

在很多方面，商界乐于接受市侩标签，因为它符合其严肃的自我形象和适用于残酷的现实世界。在企鹅出版社，我直接面临这些分歧。我的工作是保护和推广世界上的文学财富，但在商业上，最终要对集团的股东负责。最近，我了解到，在我曾经参加的年度报告推介会上，我未能取得成功的原因之一，是我在推介会上提到了《罗密欧与朱丽叶》。他们认为，莎士比亚不适合出现在董事会会议上，也不适合用来探讨投资者关心的严肃话题。（平心而论，他们还提到了我的绒面皮鞋，夹克袖子上的补丁，以及我在演讲时站起来四处走动的事儿。现实就是，他们真的不喜欢我。）因此，当我为了企业品牌而离开文学世界时，我清楚地意识到，我需要把那些软性的东西抛诸脑后。我的两份履历所代表的两个领域似乎注定永不相容。

企业品牌推广和咨询业的发展已经部分缓解了这两个领域的分歧。2008年，我加入了一家名叫拉德利·耶尔达（Radley Yeldar）的咨询公司，它的总部位于伦敦肖尔迪奇。它们于1986年从制作年度报告开始起家，现在的工作涉及广泛的传播领域。

咨询机构的发展，衍生出了一种通用的原则和理念来联系这些不同领域的技能。故事就是这种艺术与商业联系的体现。

毕竟，拉德利·耶尔达全球传讯咨询公司是从年度报告起步的，是当时"叙事式"报告新理念的先驱者。它试图通过文字和图像，而不仅仅是数字，来提供一个连续的业绩报告。这是现在的标准做法，但事实证明，故事在拉德利·耶尔达企业的早期发展中起到了很大作用。当故事再次成为我工作的重点时，我发现了品牌和传播所追求的目标，以及最伟大的文学作品之间的共同点。在企鹅出版社，我看到许多大名鼎鼎的作家，如汤姆·克兰西、尼克·霍恩比、梅芙·宾希，凭借自己的名字就赚了数百万美元。我知道讲故事的人可以成为品牌。我现在意识到，品牌也可以是讲故事的人。

客户也开始谈论"故事"，曾经被坚决拒之门外的"故事"开始被"品牌"慢慢接受。我无法告诉你，曾有多少次在进入董事会会议室之前我被拉到一边，神情紧张的营销经理苦口婆心地叮嘱道："不要在首席执行官（CEO）面前说'品牌'。"品牌，尽管得到其拥护者的倡导和推动，但往往仅是与品牌标识联系在一起。现在，许多曾经禁止使用"品牌"一词的公司，却津津乐道于"把故事讲清楚"。我很高兴看到"故事"在其更全面的使命中扮演着与品牌非常相似的角色，且直接应用于特定的传播。

随着世界的纷繁巨变，"故事"已经成为传播和市场营销界的时髦词。在美国，它甚至更加成熟，最近的一本书甚至声称，"世界上许多最成功的组织有意地将讲故事作为一个关键领导工具"。然而，企业品牌还有很长的路要走。因为，如果欧洲企业效仿美国企业，指派一名高级"企业故事讲述人"来搜罗并分享它们最重要的故事，它们也可能难以将其公之于众。因为公司内外肯定有无数人反对，反对人士认为莎士比亚或类似的文化艺术与董事会无关，与他们的企业经营也没有任何关系。

本书旨在讲述故事如何帮助企业更好地沟通。与许多专为商业读者写就的书籍不同，我的书并没有提供"突破性的启示"或"最新的成功秘诀"。我没有能力看到未来，也没有让你更快成功的秘诀。事实上，我想要分享的一点也不新鲜，甚至可以说是老生常谈，并无所谓秘诀可言。正如罗伯特·麦基（Robert McKee）在他经典的编剧入门故事中所写的那样："自亚里士多德（Aristotle）撰写《诗学》（*the Poetics*）以来的23个世纪里，故事的'秘密'就像街上的图书馆一样公开。"在商业交流中，讲故事发挥作用的原因也并不神秘。它之所以能行之有效，是因为讲故事是人类意义所在的一部分。世界上所有文化都是通过讲述、交流和欣赏故事而来。

故事仅仅是一种行之有效的沟通方式,使人们无论是坐在剧院大礼堂里,还是一家成功公司那抛光的胡桃木桌子后面,都可以建立强大联系,并共享信息。从一个文学评论家转变为品牌顾问,我并不想去刻意追求将一个世界的秘密翻译给另一个世界听。相反,我想强调的是,人性是相同的,人类在进化的过程中,就热衷于分享故事。这本书将探讨为什么人们有这种能力,我们可以从中学到什么以帮助企业更好地传播信息。

目 录
CONTENTS

第一章 为什么品牌故事会令人痴迷
分享和消费故事是人的本能 / 005

成功的商业离不开故事 / 011

伟大的品牌如何实现疯传 / 015

为什么品牌需要讲故事 / 020

品牌故事如何成为当下潮流 / 023

这本书能为你带来什么 / 028

商业故事的三大领域 / 032

第二章 成功故事的核心要素
明确的主题 / 039

连贯的情节 / 047

联系的情感 / 053

建立情感连接 / 061

第三章 如何打造令人痴迷的品牌故事

寻找你的故事 / 073

编写核心故事的脚本 / 077

英雄的主角 / 080

引人入胜的冲突 / 085

曲折的旅程 / 088

圆满的结局 / 091

美好的新生 / 093

发展你的核心故事 / 096

用正确的叙事结构讲好故事 / 098

第四章 品牌故事的宣传渠道

如何利用视频讲故事 / 109

如何利用 PPT 讲故事 / 119

如何利用年报讲故事 / 125

如何利用可持续发展报告讲故事 / 136

如何利用员工讲故事 / 147

如何利用网络讲故事 / 159

第五章　品牌故事的延伸发展

重新审视商业故事的三大领域 / 175

故事讲述的网络革命 / 179

消费者地位的变化 / 186

企业讲述方式的变化 / 190

连接是品牌故事的真谛 / 196

致谢 / 203

作者简介 / 205

第一章

为什么品牌故事会令人痴迷

很久以前，随着人类祖先开始在更庞大、更复杂的社会单位中聚集，发展出了越来越复杂的交流方式。他们变得越来越聪明，想要分享的内容也越来越丰富多样。先是口头上的，用声音和手势；继之故事开始有了生命力，有了隐喻、修辞和神话寓言；随后又出现了绘画的方式，栩栩如生的洞穴壁画阐述了对尚无文字记录的祖先来说什么是重要的——他们颂扬过去的辉煌荣耀，传播当下的重要知识，确保未来的生存传承。

　　从他们到我们的演变得益于故事。

分享和消费故事是人的本能

本质上，故事就是一种释例。它帮助个人和集体理解这个世界。最初的一些故事解释了太阳为什么升起，以及太阳每天是如何跨越天际的（古埃及人认为太阳神乘坐的是太阳船；古希腊人认为太阳神乘坐的是由四匹火马拉着的太阳战车）；一些故事解释了为什么自然界会在冬天万物凋零，又在春天万物复苏。不管解释是多么荒谬，故事都反映了因果关系。人们抬头仰望，看到星星在天空闪烁，就开始讲述星星的故事。他们为遥远的星光建立与真实世界的联系，并编织故事来说明星星是如何到达远方的,星星在人们的生活中又扮演了什么角色,形成了什么影响。人类的大脑喜欢探索,喜欢在事物之间建立联系,不断地寻找意义。故事就源于这些需求。

毫不夸张地说,故事和时间一样古老。时间作为一个概念,将过去、现在和未来,开始、中间和结束联系在一起。它是一条重要的线索,为我们的存在指点方向、赋予意义。故事解释了我们是谁,我们来自哪里,对我们来说重要的是什么,以及我们的发展方向。犹太人、基督徒和穆斯林被统称为"书的孩子",因为他们的身份感、他们的行为准则和他们的命运被铭刻在定义他们信仰的故事中。《圣经》和《古兰经》告诉我们,几个世纪以来,故事是如何保存集体记忆,并持续影响着一个与这些故事的起源相隔甚远的世界的文化——故事是身份和思想意识的支柱。

几千年来,《圣经》为解释世界及其在西方世界的作用提供了主要的故事。它在19世纪受到挑战,并在很大程度上被另一个故事所取代。进化论目前是解释人类在神经学、社会学、金融学和政治学等诸多领域秘密的主要理论。尽管达尔文竭力避免暗示进化论有终极目的,但他是在白费口舌。是故事就得有英雄，因此，自然代替了上帝，成为首要及最终的法则，且自此之后发展得很好。

故事是强大的，且暗藏危险。暴君与独裁者喜欢故事，他们利用神话起源和命运之说来维护他们的统治意识，并无情地镇压任何与他们对立的故事。如果故事仅仅是用来满足空虚稚嫩头脑的浅薄轻浮的幻想，那么诗人、作家和电影人就不会是第一个在政治动乱中被消灭的人。故事意味着生与死，正义与不公。想象一下法庭，一个戏剧性小说的主要诞生地。一个人的自由，或者是他的生命，取决于他的律师为他提出的清晰有理的辩护理由。必须要通过一条合理的线索解释事件间的联系，自成逻辑并能够回答有关动机和手段的重要问题。法官和陪审团本能地倾向于寻找故事的连贯性，根据哪一方讲述的故事最令人信服而做出慎重决定。我们的生存和日常生活仍然依赖于故事。

个人和集体的身份都是通过这种故事推动形成的。我们不断地给自己讲关于自己的故事。我们用记忆之线把我们的过去系在一起，用期待、憧憬和遐想把我们的未来系在一起。自我和故事之间的联系是如此紧密，以至于一些认知行为治疗学派

（CBT）的实践者把故事作为治疗干预的基础。他们通过鼓励病人认识到这些自我定义的故事仅仅是故事，从而帮助病人打破无益的行为模式。治疗师鼓励患者质疑这些自身故事的正确性，如同他们可能从任何外部来源听到的任何其他故事一样——一条新闻，一条八卦。故事，无论好坏，定义了我们是谁，也决定了我们生活的形态。我们都是自传作家，即使我们从来没有把自己的故事写在纸上。

我们本能地在生活中寻找起源、秩序和方向，用故事来建立事物、事件和彼此之间的关系。我们的大脑天生就会这么做。神经科学的最新研究表明，我们使用故事作为过滤、消化和理解信息的一种方式。所谓的"裂脑"研究为研究大脑的故事倾向提供了新视角。研究发现，大脑左半球有一种信息解释功能被称为"翻译员"（interpreter）。左脑获取右脑提供的原始数据后，以故事的角度来理解这些数据。实验还发现，即便有的病人失去了左、右脑之间的神经连接，"翻译员"依然能够发挥作用——将右脑中的"信息碎片"解释得有逻辑。正如乔纳森·戈特沙尔（Jonathan Gottschall）所说："左脑是典型的万事通；当它不知道一个问题的答案时，它不能忍受承认不知道。它宁愿编造一个故事，也不愿留下无法解释的东西。"

无论是集体还是个人，故事都是我们最早接受的教育形式。正是通过这些故事，我们第一次了解了一个超出我们婴儿时代狭窄生存范围之外的世界——一个充满想象力，有着异国情调、广阔风景和永恒幸福的世界。它们拓展了我们的思维，激发了我们的想象力，提升了我们的接受能力，并经常在一些道德或学习层面教导我们，让我们在日后学习、记忆和应用。它们塑造了我们的抱负，打造了我们的人生准则。在我们的内心深处，我们仍然倾向于将故事作为一种指导和灵感的形式。当事实、数据和理性的论证都无法影响我们"闻所未闻"的大脑时，我们就会对故事敞开心扉。故事从来没有明目张胆地要我们相信什么。或许它确实让我们相信了什么，例如某些道德标准在伦理生活中指导着我们，但我们可能没有意识到或并不在意。

传说故事赢得了人们的信任。当我们聆听一个传说故事时，一些来自个人或集体记忆的返祖现象就会被激活，这是一种本能的接受能力，对一个深刻的人类真理做出反应，这个真理在生活的任何领域都有力量感动我们。

分享和消费故事的欲望似乎是本能。它是我们作为"超社会"动物存在的基础。从"那不是我，那是他"到"不是你的错，是我的错"，我们一生都在讲故事。其中有些故事甚至是真实的。从我们吃早餐时看到的新闻，到我们晚上给孩子们读的故事，甚至是那些即使在我们睡觉时也会追逐的梦想，这个世界上没有一个小时，没有一种文化，也没有一个地方是不受故事影响的。

包括商界——尽管我需要经常提醒这一点。

成功的商业离不开故事

就像任何经验领域一样,商业也有自己的规则和礼节、语言以及行事准则和条件。就像我们之前所说的部落一样,它们的炉边传说和洞穴壁画也向我们讲述了一些颇具说服力的故事。

过去,商业一直在披荆斩棘,并且商人们意识到,只有通过战胜那些威胁其命运的敌人,商业的独特身份才能得以确立。在我解释工业革命中文化和商业之间的分歧是如何变得根深蒂固时,我曾提到过这些敌人。贵族们因循守旧,他们希望能继承遗产、维持传统；商人们则拥抱未来，他们相信可以制造、衡量和销售的东西，而不是虚无缥缈的传统。在这个过程中，律法被废除，贸易限制被解除，市场缓慢却稳定地占据主导地位。有趣的是，引发这些社会经济剧变的功利主义哲学将那些捍卫古老特权的人的信仰定义为"虚构"。"虚构"是非理性的，它诉诸情感、传统和习俗，终将被理性思考取代。

商业通过这样的胜利来定义自己，确保什么是自己明确反对的，什么不是。在很大程度上，商界仍然认为自己是一个与众不同的世界，这里没有"虚构"的空间，而"故事"这样的词可能隐含着软性、模糊的虚构信息。以下是商界可能会提出的一些反对意见，以将故事排除在自己的领土之外：

商业是由理性统治的，是电子表格上的数字，而不是某种书面修辞。故事诉诸情感，甚至非理性的冲动。

商业受众缺乏耐心，他们时间紧迫、愤世嫉俗，只对事实和数据感兴趣。故事用于消遣和享受，因此是办公时间以外的休闲时间。

商业处理甚至定义（经济）现实，它必须是可信的、开放的和真实的。故事是神话，讲的是理想而不是现实，讲的是谎言而不是真理。

如果重复的次数足够多,这样的反对意见似乎就合理了。然而,这些都只说出了一半的真相。

金融市场是这个地球上最不理性且情绪波动最大的领域。在这里,情绪主宰一切。故事确实很容易引起情感共鸣,这就是为什么故事应该更有效地运用在商业推广中,因为很多事情都取决于故事,因为感动人们的是情感而不是理性。任何商业推广的最终目的都是以文字打动人们,并促使他们行动。

故事往往在无意识的层面上发挥作用。以"诚信"为例,这是商界一个流行的主题,几乎每家公司 [包括安然(Enron)] 都将其列为公司价值观之一。除了简单地谈论诚信,还有更多更有效更有说服力的方式来证明诚信,其中之一就是讲一个连贯的故事。诚信字面上的意思是"团结"。如果一个建筑的所有部分都相互支撑在一起,那么这个建筑就是完整的。一个人如果表现出道德上的完整性,言行一致,那么他就具有诚信。故事也需要完整性。我们需要把所有部分以令人满意的逻辑顺序串联在一起,如果没有逻辑性,那就仅仅是堆砌。有多少次你离开电影院时,对电影的结局并不完全满意？一条线索断了,一个重要的场景消失了,这一切也许可以解释,但是这部电影缺乏叙事的完整性。

消费者们确实缺乏时间和耐心,这就是为什么讲故事有效地满足了他们的需求。故事提供了清晰、简洁的焦点来吸引观众的注意力,并铺了一条路来帮助你把观点表达出来,不仅节省时间,还解决问题。

最后,故事与娱乐界的紧密联系,更是鼓励我们把创造力和商业结合起来。好莱坞的诸多成功合作案例,应该足以让商界认真对待讲故事这件事,并准备向商业故事领域的大师学习。毕竟,好莱坞是把故事变成金钱的高效机器。它把故事变成了一门几乎精确的科学,为一部又一部电影的剧本创作确立了原则,还从中获得了巨大的财富。

我们现在可以大胆地进入这个世界。用有效的讲故事的艺术来武装自己。

伟大的品牌如何实现疯传

　　但在我们进一步讨论之前，我应该解释一下我所说的企业故事是什么意思。

　　与企业间的交易不同，从企业到消费者的营销是企业在与鲜活的、有呼吸的、有感觉的、非理性偶尔也理性的人的对话。因此，它更需要讲故事。面向消费者的广告就毫不讳言地在讲故事。在英国尤其如此，英国的文学传统和对美式硬性推销风格的反感，让企业把销售这种庸俗的业务变成了一种叙事艺术，以至于娱乐和销售推广之间的界限常常变得模糊。如同20世纪八九十年代经典的雀巢金牌咖啡的电视广告，广告中两个肉麻雅皮士[1]的浪漫传奇故事就像肥皂剧一样被狂热追捧。长期播放的霍维斯（Hovis，面包品牌）广告为几代人带来了短暂的温馨怀旧之情。此外，猫鼬之比（Compare the Meerkat，一个比价网站）利用了英国人对3D卡通公仔的喜爱，来激活沉闷的产品。英国广告倾向于文学，表明这个商业之国也是一个故事之国。

面向消费者的品牌知道如何通过讲故事来建立关系。故事讲述的不仅仅是产品，有时也包括产品背后的公司。有些公司在这方面非常成功，它们的故事已经成为传奇，甚至有一系列的书展示了这些著名的品牌故事。吉尼斯、谷歌和天真果汁（Innocent，英国饮料品牌）都享受了这种待遇，甚至还包括贝克汉姆。

在《伟大的品牌故事》（*Great Brand Stories*）系列中，约翰·西蒙斯（John Simmons）撰写了一本关于公司和品牌的优

---

1. 指都市里追求时尚生活的"唯美"男士。

秀著作，天真果汁就是书中案例。

天真果汁因其奇怪的幽默而成为传奇，许多人试图模仿这种幽默，但成功概率很小。商品的包装上写着一些傻傻的俏皮话，比如我最喜欢的一句："分离可能会发生（但妈妈仍然爱爸爸）。"这让我们喜欢产品和它们的生产者，让我们想成为故事的一部分。我们觉得这是产品背后的人在讲一个真实的故事，这促成了真正的情感连接。

事实上，一些最成功的品牌和品牌故事，它们极少陈述公司自身，而更多的是讲述受众的一切。它们关心的不是公司做了什么、从哪里来，而是它们的客户能做什么，以及品牌带给用户的可能性。耐克公司（Nike）的"做就行了"（Just do it）就是这种讲故事方式在工作中的绝佳例子。做什么取决于每个人的愿望，他们的个人故事构成公司故事的一部分。

如果产品不能直接触及消费者的日常生活，你就必须更加努力地传达你的信息。讲故事会帮助信息传达，我希望以我在拉德利·耶尔达的亲身经历为例，来说明这个问题。

2009年,一家名为斯特瑞亚(Steria)的欧洲IT和商业服务公司打算举行40周年庆典。它要求我们帮助做个出版物纪念这一事件。我们最初的想法是写一本"咖啡桌书"(一种简单的书,放在咖啡桌上供客人翻阅、消遣,通常以大量的插图为主),讲述他们公司的历史。斯特瑞亚公司于1969年在巴黎成立,它的使命是利用新兴的信息技术作为一种社会公益力量,让社会从激进动荡的旋涡中解脱出来。但那是过去的事了,世界在前进。至关重要的是,这份庆祝刊物要讲述一个与今天的读者相关的故事,否则它看上去就只是自说自话。虽然40岁这个数字令人印象深刻(尤其是在IT界),值得纪念,但数字本身是可以被随意解读的。与塞尔福里奇百货(Selfridges)、玛莎百货(Marks & Spencer)和森宝利超市(Sainsbury's)的100岁、125岁和140岁相比,40岁还很年轻。

我们提出,在斯特瑞亚的故事中,"1"这个数字比40要重要得多,这意味着该公司可以创造许多"第一"。这本书将从过去几十年的历史中精选出相关内容,将斯特瑞亚定位为一个持续前进的先行者,但谈论的是它帮助已经改变和仍在改变的世界,而不是公司本身。原本埋藏在厚厚的企业史里的"宝石"被发掘、打磨,并以一个个故事的形式展示出来。它们结合在一起，讲述了一个令人印象深刻的创新故事。

斯特瑞亚不是一家直接面向广大消费者的公司，它在日常生活的幕后默默做着复杂的、有时晦涩的、技术性的工作。然而，它有一个强有力的故事要分享，给它所帮助的公司以及这些公司反过来服务的公众传达一个清晰而相关的利益关系。像斯特瑞亚这样的公司通常不得不比它们直接面向消费者的同行更努力地讲述它们的故事，但当它们这么做时，就能够达成更清晰、更有说服力的推广效果。

为什么品牌需要讲故事

品牌和故事是相辅相成的,它们有很多共同点。然而,与相对成形较晚的"品牌"相比,"故事"有许多优势,而且能够更有效地履行以品牌名义做出的许多承诺。企业品牌是一个悖论。一方面,它无处不在,总结和表达着人们对一个组织应该思考和感受的一切。它是一种在每一个接触点都能体验到的东西,是由拥有它的组织的每一个成员共同构建的东西。这就是品牌的概念,不知何故,它超越了品牌各部分的总和,无形地存在于理念和情感之中。然而,它也需要被控制、规范、改良和监管。制定品牌理念和指导方针,需要由品牌监制员执行,跟踪品牌信息、图像、行为是否符合或背离品牌。因此，尽管品牌的体现无处不在，但品牌仍然必须归属于某处管理，通常是营销部门。

另一方面，故事确实无处不在，每个人都可以参与。我可以向你描述一个品牌，在品牌手册或指南中详细描述它，指定它的颜色和符号，用描述性话语解释它的行为，但你仍然只有这些抽象的概念。这并不是品牌本身。它活跃在你的想象中。虽然大多数关于品牌的书籍都觉得有必要给出自己的关于"品牌"的定义，但实际上对"故事"就没有必要下定义了。每个人都知道我们所说的故事是什么意思，因为每个人都参与了故事的理解和想象——这就是罗伯特·麦基所说的"人际交往的货币"。故事承载着理性与情感的交易，从而使品牌概念进入人们的脑海。故事之所以能做到这一点，是因为人类通过讲故事进行交流和联系。

想想第一个出现在你脑海中的品牌。为什么是那个？如果你仔细想想，很可能这个品牌已经对你产生了影响（无论是好是坏）。而且很可能你已经有了一些与这种影响相关的逸事，或者在你的脑海中已经有了雏形。它可能是怀旧的回忆，或一些顿悟，它们永远定义了你对那个品牌的印象和它所承载的联想。这些联系反过来又揭示了你对未来的期望。这就是品牌运作的方式。如果你分享它，它就会变成一个故事，解释你为什么会这样看待这个品牌。这个故事比它的官方推广者所能说的更有影响力。长期以来，口碑一直被认为是最有效的广告形式，但它的核心是分享故事，社交媒体让个人成为品牌传播者。

品牌最终通过故事来存在和流传。正如拉德利·耶尔达品牌主管迈克·奥利弗（Mike Oliver）所言："品牌帮助人们理解你、记住你，并与你做生意。"故事只是让这更容易发生。故事是有话可说，而不只是卖东西。这是一种观点，也是一种不同点。

品牌故事如何成为当下潮流

讲故事的历史源远流长。品牌作为一个概念和商业实践是相对较新的,而作为一个专业学科则更新。为什么讲故事现在已经牢牢地占据了企业的议事日程——客户要求讲故事,代理提供故事,出版商出版关于讲故事的书籍?为了回答这个问题,有必要追溯一下我们自己品牌的历史,以及它与更古老的故事有哪些渊源。

如我所言,故事满足了人类的基本需求。品牌的产生要比故事晚得多。虽然在政治和宗教领域已经有了品牌的先驱者,他们有符号、徽章和口号，但我们今天所知道和使用的品牌，就像我一直在讨论的许多事情一样，是在工业时代出现的。工业大大加快了货物的生产和流通。这就产生了更多的选择、更多的竞争，从而带来了品牌需要，帮助人们在这些相互竞争的产品之间做出选择。

在这个工业化和城市化的新时代，品牌进化服务的需求是信任。以前，不管是住在乡村还是城市的人都知道该相信谁，相信什么。他们认识面包师、酿酒师和杂货店老板，他们了解面包、啤酒、蜡烛或肥皂的质量。个人的经验知识有助于规范商业。城市化使大量人口背井离乡，以前所未有的速度投入新的未知环境。当人们来购买产品时，他们不知道该相信谁或相信什么。这时，品牌作为产品来源和稳定性的"保证人"，介入进来提供帮助。然后，人们对这些产品保证人产生了个人认知。为了更容易识别产品并区分生产商，于是有了标志设计。使用带有标志的产品的体验，刺激人们产生当下及未来获得相同质量产品的心理预期。品牌化将每一笔交易的因果、预期和实现固定化。品牌自然地融入故事。人们的大脑围绕着品牌形成故事，就像品牌是围绕着所有的体验而生一样。

信任是社会单位的基本需求，是族群的凝聚力。信任也是我们人类讲故事的主要角色和结果。故事有一种不言而喻的警察职能，通过闲言碎语式的交流传播来调节社会。在一个城市化前的社会，你不仅知道面包师做的面包的质量，你可能还知道他的很多其他行为。你可能会听到他在面粉里掺假的传闻（甚至这个传闻是从杂货店老板的妻子那里听到的），然后决定把你的熟客介绍到别的地方（如果你是一位受挫的酿酒商的妻子，想从面包师那里分一杯羹的话，你可能会这么做，也可能不会）。以闲话的形式存在的故事，是规范社会的非正式流通货币，也是品牌形成之前的贸易。

有趣的是，在这个时代，品牌作为产品口碑的保证人诞生了，侦探小说也崛起了，它们都是由相似的需求和环境塑造的。威尔基·柯林斯（Wilkie Collins）、罗伯特·路易斯·史蒂文森（Robert Louis Stevenson）和阿瑟·柯南·道尔（Arthur Conan Doyle）笔下的歇洛克·福尔摩斯（Sherlock Holmes）完美演绎了侦探小说，而侦探小说就像品牌一样，在新的城市工业背景下应运而生，并由此产生了需求和焦虑。如果说品牌的形成是因为居住在城市的消费者不知道该相信什么，那么侦探小说的流行则是因为在城市里没有人知道该相信谁。在城市里，每个人都是陌生人。人们可以用新的身份掩盖犯罪历史，于是社会需要新的形象——侦探去探索这个城市以及它的神秘。

有组织的警察、犯罪学、犯罪记录、侦探和侦探小说都是全新的现象，它们出现在19世纪的最后几十年。很多歇洛克·福尔摩斯的故事都是关于伪装和掩藏身份的。《歪唇男人》是一个经典的例子，讲的是一个城市银行员工发现乞讨比在银行工作更赚钱，因此靠欺骗积累了一笔财富（想象一下！）。个人身份是侦探小说的问题所在，同样，企业身份就是商业推广的问题所在。1886年，英国的第一个商标被注册。第二年，福尔摩斯的第一部故事书出版了。这两件事都是信任文化史上的标志性里程碑。侦探故事和品牌故事都源于身份问题：信任谁或信任什么。

如果说，工业时代改变了社会面貌、催生了品牌，那么，正在重新改变世界的信息技术或许可以解释，为什么我们要用讲故事的方式来帮助我们探索新的未知。

工业化和城市化确实改变了社会面貌，创造了对新标志和故事的迫切需求，以恢复人们对陌生、匿名环境的信任。在一个同样混乱的世界里，信任和以往一样重要。我们现在需要谈判的领域已经扩展到不断变化和可能无限的区域。此时，故事重新切题，提供了一个大家都熟悉的线索，帮我们走出新未知的迷宫。

仿佛规则被重订越多，我们就越依赖于旧的规则，这些旧规则暗中运行，使我们稳步前进。

故事作为一种传播手段，可以拉近我们之间的距离。地球村在很大程度上是虚构的，是一厢情愿的经济思想的幻影。或者，它可能是通过传播现实，满足了人们分享故事的普遍愿望。在这个地球村中居住，让我们所有人都能以前所未有的速度和规模交换奇闻逸事和即时情报。我们面对的市场可能更大、更分散，但人们满足需求以及实现目标的方法并没有改变。这是这本书的前提和目的：用旧的来帮助我们理解新的。

这本书能为你带来什么

这并不是第一本建议公司有效适用故事艺术的书。(事实上,在写这本书的这段时间里,企业故事变成了一股真正的洪流。)在美国,讲故事是一种成熟的领导力工具,斯蒂芬·丹宁(Stephen Denning)的《领导力指南——讲故事》(*The Leader's Guide to Storytelling*)等书鼓励高管在试图说服他人时,用寓言故事来换取谈判胜利。针对每一个挑战,都有一个正确的故事,丹宁,以及最近保罗·史密斯(Paul Smith)的《一个故事》(*A Story*),提供了有力论据和准备好的案例模板,将故事带进了传统占据主导地位的领域。对于这些作家来说，故事是一种"领导力训练"，随时随地都可以使用。

对我来说，"故事"是一种精神。我的书不仅仅是写给领导者的，也是写给普通人的，无论你是何种头衔，职业地位如何。

在这方面，我自己的方法与约翰·西蒙斯的方法相近。在《我们、我、他们、它》（*We, Me, Them and It*）和《看不见的圣杯》（*The Invisible Grail*）等书中，西蒙斯致力于让商业交流更人性化，这一做法令人鼓舞。通过他的书和研讨会，西蒙斯鼓励人们将他们的个性带到商业写作中，从而使企业更人性化，品牌更个性化。多年前，我是他的研讨会的听众，我还记得当我看到那些不知道自己可以写作的人，通过回忆自己的故事，并与大家分享自己的故事，来找到自己的声音时的激动心情。正如西蒙斯所解释的那样："诗歌和讲故事将个人和社会这两个世界联系起来。"

建立联系是故事最擅长的，故事能在我们的个人和职业之间架起一座西蒙斯所说的"桥梁"。故事可能是这个星球上每个人唯一共有的文化实践。如果说它是一座桥梁，那么它就是一座跨越时间和多元文化的独特而强大持久的桥梁。理解这种力量的原理，并把它们运用到工作中，这就是我的书的全部内容。

这本书旨在提供一个适用于商业环境的讲故事的原则。这主要是为了服务于品牌建设，因为品牌树立目标和故事特征之间是自然契合的。通过记住我们都是本能会讲故事的人，我们可以简化令人生畏、过于复杂的业务。通过记住讲故事这门艺术的一些原则，讲故事还可以成为那些寻求更好地推广业务的人的第二天性。

我应该在这里强调一下，行动和讲故事一样重要。故事不是文学，而是一种活的艺术，这就是为什么"真实"的世界需要它。故事的艺术反映世界，并使世界成为现实。它赋予那些实际上无形的东西以有形——"生命"。这让故事变得有意义。我们不可能都是职业作家，但我们都是讲故事的人。通过研究古老的故事艺术，我们会做得更好。

这本书解释了如何去做。第一部分试图解释故事作为一种思维方式和一套通用原则，如何帮助企业建立品牌。中间部分展示了作为一门学科的故事艺术是如何通过清晰、连贯和引人注目的传播将品牌带入生活的。最后是一个简短的结尾,看看已经出现的未来趋势和企业讲故事的方向。

商业故事的三大领域

我没有像一般商业书籍那样,为概念创建详细模型,但是将我将要探索的领域以图表的形式绘制出来是非常有帮助的。

一个领域是我称之为"故事冲动"(Story Impulse)的领域。在这个每天讲故事的世界,大部分人每天自然地,甚至不知不觉地沉迷其中。这是一种最基本的、非结构化的讲故事方式,其根源可以追溯到人类的起源。这种故事缺乏结构,是我们大多数人不假思索的一种非正式的本能行为,它具有很高的可信度和可接受性。我们通常认为在一定领域内交换的故事是真实的，并欣然接受它们进入我们的生活。八卦是这种讲故事的方式中最具代表性的一种。

我将第二个领域命名为"故事商业"（Story Business），它比第一个领域更有条理、更正式、更专业。它将故事作为一种有目的的实践，受益于规则和原则，这些规则和原则利用了人们的本能冲动来获得利润。虽然这类故事更偏向于有意构建，虽然我们知道它们不是真的，但我们仍然欢迎并积极寻找这些故事。任何形式的小说，无论是文学、电影还是戏剧，都符合这一领域讲故事的特征。

第三个领域我称之为"商业故事"（Business Story）。它包含了为商业服务的所有沟通艺术。与第二领域一样，它的特点是高度专业化。这一领域的规则与美学（讲好故事的原则属于第二领域）的联系较少，而与伦理（源自严格定义和严格限制的职业礼仪）的联系则更多。

尽管它的专业性很强，但它在讲故事时只是半结构化，可信度和接受度也很低。它喜欢逻辑胜过情感。所以，很多时候，这根本不是讲故事。虽然这个领域主动地将自己与第一个领域的世界隔离，但它需要接触到的受众是来自那个世界的人。这些人不那么正式地享受和分享故事，并愿意寻找那些故事商业中发生的故事。换言之，企业最终依赖的人，是企业销售产品和故事的对象。

我建议的改进办法在这本书里有详细的说明。我认为，第三个领域与第一个领域连接的最佳方式是采用第二个领域的一些结构。接受第二个领域中完善的讲故事的原则，可能只是开始与它最终需要触及的世界建立更紧密的联系。如果要实现它的目标，商业故事需要拥抱故事商业。如何能够有效地实现这一点将在下面的章节中详细说明。

第二章

成功故事的核心要素

正如我之前提到的，是什么让一个故事成为一个故事，这并没有什么真正的秘密，大多数叙事技巧专家都倾向于认同它的基本要素。为了将故事作为一种品牌和传播准则，我将这些基本要素归结为三点：清晰、连贯和情感联系。我的目标是在这样的背景下，让讲故事成为一种直观的实践，就像在任何媒体中看到的那些打动我们的作品一样。对我来说，好的练习的要点在于主题的明确性、连贯性和情感上的沟通能力。把这些东西带到你的交流实践中，你就开始讲故事了。

明确的主题

当我还是《企鹅经典》系列丛书的编辑时,我经常被要求思考是什么让一部作品成为经典。这个系列非常多样化,包括来自各个时代和文化的 1000 多部小说、诗歌、哲学、宗教和历史作品。然而它们都被贴上了"经典"的标签,这意味着它们有一些共同之处。答案仍然与我今天的工作有关。因为经典故事在任何领域都会引人注目。

任何领域中的经典都是经久不衰的作品。它经受住了时间的考验,从一种语言和文化翻译成另一种语言和文化。从荷马到哈代，从《吉尔伽美什》到《了不起的盖茨比》，这些伟大的作品让读者通过时代的外部环境来认识共同的人性。这些作品仍然通过时间和空间与人们对话，提供了相关的普世真理。这就是为什么它们仍然是经典著作。

经典故事的核心，往往是一个容易识别的主题。男孩爱上了女孩，但女孩的父母不赞成，或者阶级、身份和环境妨碍了他们。如果他们最终克服了这些障碍，那么你就有一部浪漫喜剧了。如果他们失败了，你就有悲剧了。（顺便说一句，这也解释了我在会议室里引用罗密欧与朱丽叶那句倒霉话的原因。就像现在一样，我只是在试图解释，在一个复杂的企业呈现故事时，有必要保持清晰和专注。）

因此，清晰是讲故事的首要要素。对于一部经典作品来说，正是清晰赋予了故事普遍的吸引力和持久力。对于新作品，那些潜在的未来经典，清晰给了它们一个得到注意、出版和推广的机会。出版业本质上是一个保守的行业，不愿冒险。当书籍被出版社买走（而且在到达书店的书架之前很久就被出版商买走），它们往往会落入可识别的类型。这使得出版商更容易宣传这些作品，书店更容易把它们放在书架上，亚马逊更容易把它们分类，公众更容易想得到它们。甚至有人声称，书中只有七个基本情节。出版业之所以是保守的，是因为买书的公众是保守的。再进一步说，是因为人类的头脑正在寻找可识别的模式以及乐趣。

电影在原型中如此一致，以至于可能有多达七个情节看起来相当浪费。它把讲故事的商业变成了一门几乎精确的科学，同时也是一项利润丰厚的商业事业。因此，当我试图说服企业相信讲故事的商业优势时，我通常会求助于电影。如果商业观众像我们有理由怀疑的那样缺乏时间、玩世不恭、注意力不集中，那么他们就会在电影界那些精明、厚脸皮的有钱人中找到对手——如果不是对手的话。

还记得几年前有趣的橙色电影广告吗？从约翰·克利斯（John Cleese）到达思·韦德（Darth Vader）等一系列好莱坞明星，都试图把自己的故事构思推销给一位伶俐、爱说俏皮话的橙色高管。但他只对推广橙色产品感兴趣，所以他没有时间去听那些可怜的蠢货讲述他或她的故事。这个故事可以帮助我们重视清晰、简洁和专注的原则，这是讲故事所必需的。广告中不幸的推销者只有一秒的时间用一句话讲述他们的故事。你能做同样的事吗？

故事需要清晰和专注，这是它与品牌的主要共同点之一，也是故事和品牌建设相互配合的原因之一。最成功的品牌，以及最强大、最经久不衰的故事，都具有这种明确性。如果你能用一个简短的句子，甚至一个词来概括你的观点，那么你也具备了打造一个强大品牌的能力。产品品牌的创建通常有明确的需求，可能会聚焦到某一种产品特性上。企业品牌通常要复杂得多。它们继承了更多的传统，对更多的人负责，所以常常表现出不愿意把自己固定在一个想法上。这让情况变得很复杂。

这就是为什么他们必须更加努力地工作才能获得报价，也是为什么故事在这里如此有用的原因。在任何领域，简化都是最困难的事情之一，但通常是最重要的。讲故事在某种程度上是简化练习。

故事就是为此而生的。它们是伟大的，传授知识并影响行为。苏格拉底、基督和佛陀都用寓言来达到这个目的，用道德训诫或理想的行动方针来教导门徒，通过故事比直接提供教条要有效得多。因为寓言有一个核心的教训，它必须有一个单一的焦点。

故事是完美的教学、说教和宣传，因为一个讲得很好的故事，能传递明确的信息，以带来特定的结果。奥巴马有出色的演讲稿撰写人，他又有领袖魅力，他知道如何动员社会媒体，美国（世界）迫切需要改变。他也有一个专一的故事要讲，用一个充满感情的词"希望"形象地表达出来。希望！如果一个超级大国的未来可以被如此简洁地定义，那么一家公司肯定可以效仿。你可能做了很多，它可能非常复杂，你可能有很多观众。但是你不能总是对每个人都说所有的事情，你也不应该尝试。你所做的可能并不是你最吸引人的地方，也不是你故事的焦点——它通常不是。

最近，一家科技公司让我们重新设计他们的网站时，我才意识到这一点。他们的业务主要是服务在银行和移动技术的接口，所以他们的网站必须在功能上获得权威和信誉。但如果要让客户（主要是银行）相信该公司产品相对于少数竞争对手拥有优越性，它还必须在自己的故事中将其讲清楚。他们有一些不同的东西，可能比竞争对手领先五年，他们对此非常自豪。但他们只是很难让他们需要说服的人明白是什么让它如此不同。正如总经理在一次早期会议上气恼地承认，他花了两年的时间进行融资，试图解释他们的工具是做什么的。我认为，这就是问题所在。我建议，不要再试图解释它的作用了，应试图解释

043

"为什么这很重要",并以此作为故事的重点。

因此,我设计了一个密集的全天信息"训练营",拒绝让核心客户团队离开大楼,直到我这个技术白痴能够理解并解释为什么每个人都应该关心他们的"移动支付生态系统"。这意味着,要解释这对他们的客户和客户的客户意味着什么。这将是他们故事的核心,也是他们主页的首要信息。

我不会假装这很容易。在技术和金融方面,在我们深入到他们提议的人性核心之前,有许多层次的行话需要挖掘。我不断挑战他们:"那又怎样?"促使他们描述如果主要银行使用他们的技术,未来会是什么样子。

这是一项独特的技术,它使世界上任何地方的任何移动电话都能立即处理支付,而不必使用现金或信用卡。由于世界上的移动电话比牙刷还多(这是我那天学到的一个有趣的事实),而且远远多于银行账户或银行分支机构的数量,这意味着世界上的"无银行账户"人口可以通过这个系统买卖,并获得工资。这对他们的银行客户具有潜在的吸引力。

我们开始构想一个无现金、无信用卡的世界，在那里，不起眼的手机甚至可以消除对于钱包的需求。如果电影预告片可以通过要求我们"想象一个世界……"来吸引我们的注意力并激发我们的想象力，为什么不宣传一个革命性技术的网站可以在短短几年内实现无现金交易呢？从物物交换、硬币到纸币、支票到卡，货币历史上的主要变化相对较少。未来的货币是流动的。手机的未来掌握在我们客户的手中。领先竞争对手五年，准备改变世界支付方式。这就是我们客户的故事。

它提供了一把钥匙，解开了他们所做事情的复杂性难题，只有他们和银行的技术人员需要完全理解这些复杂性。但他们首先需要接触的不是这些人。世界上最大的一些银行的运营人员需要从这种乌托邦式的商业愿景中获得灵感。

这一系统将改变银行家的世界，就像撒哈拉以南的非洲移民工人一样，他们将不再需要花费一整天的时间，去附近大城市寻找一家银行来领取工资或寄钱回家。通过从个人故事的角度来设想这个新的未来，货币将化身一个更为史诗般的故事，激励商业大师们将这样的例子拓展，并把他们自己激动人心的未来想象成这场交易革命的一部分。

故事，单一地、有选择性地专注于一个核心思想或转换的利益，可以简化任何复杂性。

连贯的情节

吸引注意力是一回事,保持注意力又是另一回事。在小说和电影的世界里,这就是区分"大片"和"非大片"的标准。我将解释叙事连贯这件事。它们实际上是一样的。连贯性使一个故事成为一个故事,而不是一堆想法、事件、图像或对话。

字典对连贯性的定义是:"某物的各个部分以自然或合理的方式结合在一起。"它给出了一个例子:"电影的前半部分和后半部分没有连贯性。"

这一切都是有意义的。有意义的——以正确的逻辑顺序做正确的事情。人类的思维本能地寻找模式。布赖恩·博伊德（Brian Boyd）在《故事的起源》一书中提出了一种"生物文化"的叙事理论，他认为，这种趋势是叙事推动人类进化的方式之一。模式帮助我们生存，识别出允许我们计划或追求生存的循环节奏。识别模式也会提醒我们偏离常规，因此要注意潜在的威胁。机警的物种是能生存下来的物种。同样，故事也会回报我们的注意力，让我们对那些帮助我们生存下来的认知行为产生强烈的偏好。逻辑和叙述都将这些需求付诸实践，因为大脑不断地从潜在的混乱中寻找连贯的秩序。

当我认为讲述一个连贯的故事远比简单地把这个词作为一种价值列出来更能有效地展示诚信时，我已经关注到了这个需求。这里有一种至关重要的关系在起作用，它表明，对讲故事来说至关重要的东西，对讲商业故事来说也是至关重要的。一部小说或电影要想成功，就必须坚持情节。一个企业品牌也必须如此，而故事让这一切变得鲜活起来。失去了情节，你就失去了观众。失去观众，你就失去了生意。他们离开你的网站、宣传册、年度报告、新业务会议或演示时，会有一种感觉，那就是这些东西根本没有意义。即使他们不确定原因，他们仍然不相信。

情节是一个有趣的词，它揭示了故事是如何反映我们看待和解释世界的方式的。情节有许多维度，空间、组织和方向。一个虚构的情节是一个经过深思熟虑的安排，将行动向前推进到一个令人满意的结局。

因此，情节是戏剧赖以生存的结构框架。如果它能站得住脚（因为它具有完整性），那么这个故事也能站得住脚。在每件事情上设法带来一个令人满意的结局时，将会有一种逻辑上和美学上的乐趣。这不仅关乎目的地本身，也关乎旅程本身。旅程实际上是叙述的重点和乐趣。主角们将始终忠于我们对他们的了解。即使他们有魔法或超人的力量，我们知道他们的局限性（逻辑和理性仍然统治着最不合理的幻想领域）。他们不会在我们不知道的情况下改变他们的性格。例如，杰克·尼克尔森在《闪灵》中扮演的角色出轨了，横冲乱撞，但我们看到了这种发展。因此，连贯性是有意义的；意义也是由你如何连贯地表达出来而产生的。

理解情节的过程类似于大脑参加了一场旅行。从早期开始，故事就包含了旅行。这两者是如此内在地联系在一起，以至于我们可以怀疑在史前时期它们之间有某种深层次的功能联系。

在最早的神话和史诗中,旅行故事的流行无疑深深地回响在我们的前城市祖先的移民灵魂中。对于狩猎采集者来说,游走的冲动是至关重要的,你可以想象地平线上快乐的狩猎场的梦想,这是他们互相激励的故事的主要内容。或者当他们定居在农业社区时,这些过去的史诗般的旅程形成了传奇的遗产,并流传到现在的城市文化中。事实上,在故事和旅行之间存在着一种非常具体的联系,这种联系延续了澳大利亚土著的"歌谣"传统。在这里,"地图"是口头的和纪念性的,是由文字而不是图像组成的,保留了地形记忆,允许人们通过吟诵歌曲来穿越这些神圣的空间,回忆神话中的足迹,从而导航到遥远的地方。

这种游走的冲动必须深埋在我们集体的心灵深处,因为它仍然激励着我们。这可能部分解释了我们对故事带我们进行的替代性旅程的渴望,以及为什么故事是为叙述和鼓舞人心的动力量身定做的。故事带着我们前进,带给我们前进的希望,或者实现我们的目标。

如此多的故事都包含旅程,因为故事的核心是一个明确的目标,一个叙事本身着重于到达目的地。荷马的奥德修斯是典型的询问者。他在特洛伊战争后重返家乡的冒险经历为西方的旅行故事设定了模式。即使旅程是隐喻性的，英雄寻找自我的旅程、目标、圣杯、承诺是故事的结局。牛奶和蜂蜜的土地（《圣经》），堪萨斯州（《绿野仙踪》），美国本身（《逍遥骑士》《在路上》），启蒙（《禅与摩托车维修艺术》）；故事有目标，目标创造欲望，而故事通过叙述的前进动力推动或满足这些欲望。

小说家和剧作家谈论作品的"贯穿线"。这是故事的主线，维系着观众的兴趣。贯穿故事的主线通常是主人公关注的焦点，他或她想要到达的地方，故事中的一切都应该是为了追求这个目标。这个故事有支线、有娱乐性，而且必须包含挑战。事实上，在任何类型的娱乐故事中，"冲突"都是最本质的，它要求用创造性的方式来抑制或激发主人公朝着他或她的目标前进的过程。这些挑战创造了戏剧赖以兴盛的冲突。然而，在经历了所有这些之后，主人公的目标必须是清晰、集中和遵循规则的。

目标、主线和动力在商业交流中也很重要。如果你的品牌承诺了一些东西，那么就会有一种隐含的动力，推动目标的实现。如果它解决了一个问题，那么它将演示品牌如何帮助克服其受众所面临的挑战。一个连贯的商业故事会紧扣情节，给出一个令人满意的解决方案。

但是小说和电影不仅仅是有意义的,它们还满足了大脑对逻辑秩序的本能需求。它们让人兴奋——把观众固定在座位的边缘,或者让他们错过末班地铁或美容觉,因为他们只是"无法放下"。翻页的魔力是连贯叠加的。这种魔力能转移到严肃的企业沟通业务上吗?是的。对于品牌和它们的故事来说,不仅仅要有意义,还要通过逻辑和叙述的完整性来激发兴趣。它们必须引人注目。人际关系建立在信任的基础上,但又受到欲望的驱使,而欲望正是讲故事的大师们精心构建、引人入胜的故事的关键。如果说连贯性是叙事的基本线索,那么欲望就是编织在这条线索上的金线。它把观众紧紧地绑在一起,使故事的织工们变得非常富有。

想知道怎么做吗?接着往下看……

联系的情感

迄今为止,讲故事一直是一门手艺,甚至可能是一门科学,其原则可以系统地应用于交付可预测的结果。经过深思熟虑后,我开始说服商界人士相信故事在传递信息和实现目标方面的好处。

现在是过马路的时候了——离开坚硬、尖锐的系统和结构世界,进入柔软、模糊的情感和想象世界。这可能会让故事不受欢迎,让人们对它的"不合逻辑"的本质感到惊讶。但故事是完全合乎逻辑的。将理性与感性结合起来，传达出所谓的心灵逻辑——一种完全符合大多数人思考、感受和行动方式的逻辑。

无论我们相信什么，我们所做的大多数决定都是受情绪而不是理性的影响，尤其是大公司。买房可能是我们大多数人在工作时间之外进行的最大的金融交易。结婚可能是我们可能形成的最重要的法律约束关系。然而，这两种改变人生的交易都是在我们的头脑之外进行的。我们的头脑可能已经做好了基础工作（我在这里只谈论财产搜索），但最终是我们的内心或"内脏"——我们的情绪——支撑着我们的选择。我们欣然承认这一点。我们"只是知道"他或她就是"那个人"，或者"就是这套房了"。交易越大，我们就越倾向相信自己的情感。

我可以告诉你要相信我。我可以要求你相信我，并提供许多合理的理由来说明你为什么应该相信我。然而，我越是坚持这一点，你就越不可能顺从。就像你没有选择的房子或配偶一样，如果感觉不对，那就不对，我们的关系也不会有任何进展。如果我能可靠地兑现我的承诺，你可以通过经验来信任我。但在那之前，你所能做的只有接收我提供的信息，我不是指事实、细节和原始数据。不只是我说什么，还有我怎么说；或者我是如何通过语言、视觉、感觉、图像和语气来交流的。故事，这个全脑交流的载体，再一次成为我希望与你建立关系的替代品。故事在商业交流中扮演着重要的角色，大方地拥抱情感，建立起信任流动的联系。

因此，情感联系是讲故事的最后一个重要因素。从字面上看，这是非常重要的，因为正是通过情感上的联系，故事才能将交流带入生活。没有情感，就没有故事。一个有重点的、逻辑上有序的想法或陈述只不过是一张没有情感联系的枯燥清单。联系是故事最擅长的。小说家福斯特（E. M. Forster）的战斗口号是"只有连接"："只有连接散文和激情，两者才能都将得到升华。"不仅仅是事物之间的关系——科学、工程、建筑可以做到这一切，故事讲述者和他或她的听众之间也可以建立起重要的联系。

故事帮助我们进行所有意义上的讲述。"relate"表示"讲述"，报道已发生的事件或一系列事件。从这个意义上说，它是一个相当冷、理智、严肃的词。非常符合商业的特点。就像证人讲述他或她在法庭上看到的事情。

但是"relate"也意味着形成一种联系。去对视，去理解对方。如果你和我有共鸣，我们就会有默契，这本身就是一种交流。它甚至可能不涉及语言，也许是眼神、手势、无意识的信号，但是这种联系比第一种更有力。以这种方式联系，我们就有了一种关系，一种可以培养信任的情感纽带。我们相信与我们相关的人，我们更可能相信流言而不是广告。为什么？主要是因为和我们闲聊的人与我们合拍。他们与我们有关，因此我们更有可能接受并传递他们告诉我们的东西。

那么，如何让你的故事在丰富的意义上"关联"起来呢？通过学习经典。它们一直是相关的，因为它们涉及人类普遍的真理，直达生命的核心。它们所触及的主题——自由、友谊、雄心、启蒙、英雄主义、归属感、发现、牺牲、爱——深深地触动着我们，吸引着我们的核心情感。与角色的情感联系是叙事兴趣的真正驱动力。没有它，你就没有关注和认同的中心。如果观众不关心英雄，就不会关心发生在他或她身边的事，不管情节构造得多么巧妙。情感联系促使人们翻开新的一页。

根据亚里士多德的观点，感动人心是经典著作的目的所在。他的《诗学》（公元前4世纪）是现存最古老的文学批评作品，为戏剧叙事确立了一些规则，直到今天仍然适用。亚里士多德认为，诸如索福克勒斯的俄狄浦斯悲剧，其全部目的是让观众认同剧中主人公所遭受的苦难。俄狄浦斯的折磨（谋杀了他的父亲，娶了他的母亲等等）是为了引起观众的怜悯和恐惧。根据亚里士多德的理论，这些情绪实际上对听众产生了积极的净化作用。它像一种团体疗法，通过戏剧艺术的移情作用。

同理心是人类和某些动物的本能，人类在出生一个小时内就能体会成年人的情感。我们无法控制自己的情绪，用我们在艺术中得到的情感去感受，就好像我们真的在体验它们，并把我们自己的情感和情绪投射到别人身上。弗洛伊德（连同《俄狄浦斯》的情节）将讲故事疗法作为一门科学加以推广。通过讲述他们自己的故事，再现他们的创伤。古今中外的思想家都认识到，故事有一种独特的情感力量，它超越了文学的舞台和篇章。

当然，这并不是说你的企业故事应该以希腊悲剧为蓝本，也不是说它需要史诗般的规模。事实上，恰恰相反。我们从经典著作中学到的不是它们的伟大，而是它们的谦逊。俄狄浦斯是国王，但观众不是，弗洛伊德的病人也不是。经典打动我们，因为它们的核心是基本的人类情感。通过这种普遍的人性魅力，他们超越了历史、民族、阶级和背景。尽管他们有华丽的服装和富丽堂皇的宫殿，他们还是保持着真实性。头顶王冠，脚踏实地，因为人的心一直都在猛烈跳动。我们不希望逃避生活，而是希望找到生活，以新鲜的、实验性的方式使用我们的头脑，丰富我们的情感，去享受，去学习，去增加我们生活的深度。不管包装多么精美，故事的核心需要在这个普遍的层面上打动我们。经典著作仍然具有现实意义，因为它们处理的是影响我们并触及我们的情感现实。你不需要写经典，但你需要保持它的真实性、相关性，使它人性化，只有连接才能做到这点。

那是几年前一个沉闷的周二晚上，在哈默史密斯（Hammersmith）一个狭窄楼梯上的小屋里。我们大约有九个人，挤在一起，周围是空盘和塑料杯装的未饮用的葡萄酒。我们所有人都密切关注着对面镜头里的人在说什么、在做什么。这次是一群资深烟民，他们正在考虑戒烟。我们正在为宣传 NHS 服务以帮助吸烟者戒烟的材料研究创造概念。我们模拟了一些可能出现在医生候诊室或药房的传单的封面，提供有关 NHS 如何提供帮助的信息和指导。有几条不同的方案，和以往一样，我们公司更喜欢其中一条。

该实施方案了。当材料发下去的时候,这群人突然活跃起来,兴奋地讨论着我们放在一起的图片和标题。他们没有评估创意的价值。他们正在讲述他们所看到的故事。

每一个模拟的传单上都有一张个人的照片,描绘了一个真实的场景。有一段以吸烟者或前吸烟者口吻写的关于戒烟的简短引言。在一张图片和最多 10 个单词的基础上,这群人正忙着推测这些人物的生活。其中一幅画描绘的是一位目光炯炯的老人从游泳池里出来,画中的参与者正在讨论她现在正享受的新生活。一个人说:"看看她的孙子,多出去走走。"当被问及为什么这条方案会如此受欢迎时,受访者表示,这些碎片信息会用语言与他们交流,向他们展示他们能认出的人,让他们相信自己也可以戒掉。这就像从目标观众口中听到客户的简短反馈一样。

人们想要给"建议药丸"加上糖衣,但人们发现,这种做法有点太抽象,而且与那些老烟民最需要的服务——戒烟服务——相去甚远。如果它要连接真实的人、真实的吸烟者,并激励他们戒烟,品牌需要变得更真实。因此,我们通过形象、语气和态度,让"变得真实"成为品牌的新试金石。但我在写最初的标题时并没有意识到，我们真正在做的是讲故事，以及通过身份认同来建立人与人之间的联系有多么强大。

这些小故事通过这种联系吸引了人们，因为它们表明我们理解他们，他们更愿意相信出版物中包含的信息。"变得真实"其实就是讲故事，就像他们在肥皂剧中做的那样，让观众在戏剧中围绕真实的问题展开，这些问题是与他们的生活密切相关的。

哈默史密斯的一个烟雾弥漫的房间不太可能让人顿悟，但正是在这里，我最终发现了故事作为一种交流工具的情感力量。

建立情感连接

情感联系对企业的重要性不亚于与消费者沟通的重要性，它最终通过诉诸人性而超越了其中的区别。无论你在做什么生意，无论对话多么虚拟，人们都会争相购买。故事帮助我们与客户建立联系，通过联系做生意。你的投资者关系主管或首席财务官可能没有时间听这些空洞的故事，也没有太多时间考虑你是谁、你在做什么。他们可能会断言："事实不言自明。"事实不说话，但人会和其他人交谈。如果将情感从你的故事中剔除，你就只能吸引一半的听众，被偏爱、被喜爱或被记住的机会更少。

太多的企业像企业本身一样与其他企业交流。就好像企业对企业通信的虚构是现实一样。好像我们创造的这些抽象概念可以彼此对话。在此之前，最好是人们互相交流。通过认识到共同的人性，调动情感、想象力和智力，我们可以更有效地建立起商业（实际上是所有人类商业和交流）所依赖的联系。故事承认并涉及穿着细条纹衣服的穴居人。半理性的人在做重大决定时往往要花大量的钱，但他们运用的是与我们茹毛饮血的祖先相同的认知方式。世界越复杂，我们进入世界的方式就越复杂，记住这一点，千年来我们都有赖于这个认知。

这就是理论。然而，拉德利·耶尔达公司每年都会进行一项名为"故事是什么"（What's the Story）的最佳实践调查，衡量富时 100 指数（FTSE 100）的公司在关键沟通环节上阐述故事的能力。简短而令人沮丧的结果是："不太好。"它们可以把事实、数据、统计指标联系起来，但这些与任何人都没有联系。"领先"是大多数公司（无论行业）传递的主要信息和最喜欢的说法。是的，我们知道你规模庞大，处于领先地位，这就是为什么你是富时 100 指数的公司。它们发表宏伟的史诗般的声明——世界上最大的（某物）生产商；墨西哥第二大……（墨西哥？）或者是一些毫无意义的词。但是，它们常常忽略了人性，而正是人性使它们的故事与现实相关。

大小和规模对你来说可能意味着很多，但它们最终将你从你要服务的人类领域中移除。无论你所做的事情与日常生活有多么遥远，你仍然是链条上的一部分，这个链条最终会触及人，服务于人的需求。你在这个链条上的位置越高，就越有必要确保你的故事清楚地表明你是如何影响人们的生活的，以及为什么这一点很重要。我将简要参考拉德利的研究中的一些示例（无论好坏）。

对一些企业或行业来说，建立情感联系要容易得多；因为它们所做的是与人直接相关的。毫不奇怪，制药公司通常在这方面做得很好。对人类生命的保护无疑是讲述一个引人入胜的故事的坚实基础，我们可以立即将其与人联系起来。无论我们对制药行业的运作和动机持何种理性的怀疑态度，我们都知道它为什么存在，以及它为何重要。

夏尔（Shire）就是一个很好的例子。该公司在其业务方面有一条雄心勃勃的豪言："与我们帮助的人一样勇敢。"它的好处在于，它将共同的人性作为其服务的核心，在公司存在的原因和运作方式之间建立了清晰的联系。"勇敢"被提出作为一项原则，它承担自己的业务挑战。这至少试图在企业和客户之间建立同理心。

但你不必为了建立情感联系而去拯救生命。拥有很多酒类品牌的帝亚吉欧在调查中通常表现得很好。然而，它仍然设法通过将自己形象化为健力士（Guinness）等品牌传统的"托管人"，来个性化与这些品牌的关系。它的重点是"在每一天，每一个地方庆祝生活"。

你也不需要销售令人兴奋的产品来表明你如何触及人们的生活。G4S 是一家不直接面向广大消费者的安全公司。尽管它一开始就趾高气扬——"世界领先的国际安全解决方案集团"——但它至少解释了庞大的规模意味着什么：保障全世界数百万人的福利和繁荣，帮助创造更安全和更好的生活和工作环境。然后，它描绘了这个故事在我们所居住的世界中是如何展开的：

我们保护摇滚明星和体育明星、人民和财产，包括一些世界上最重要的建筑和赛事：

从为场馆建设计划提供建议，到控制人群，再到确保赛事门票不被伪造；

从发放工资到确保自动取款机有足够的现金来满足你的购物需求；

从向银行分行和零售网点提供现金，到为央行和主要零售商管理现金流……

在很多方面，G4S 都在保护你的世界。

这并不是世界上最伟大的故事（我甚至略去了一点关于风险评估和"综合解决方案"的内容，它们听起来没什么区别）。但它有一个清晰的主题和连贯的主线，它在我们想象中栩栩如生。

任何企业或部门都可以建立情感联系，只要它们用心去做，只要重视它们所服务的人群的需求和它们可能要面对的人类听众。然而，每年的调查都显示，那些有潜力写出情感丰富、令人信服的故事的公司，会把这些故事一直放在文件夹里。

行话使企业或品牌失去人性、脱离人性，并掩盖了真实的自我。在一个竞争的环境中，任何交流的关键都是传达一个独特的，甚至是独一无二的信息。这能让人们真正了解你是谁，从而更愿意和你做生意或投资你，而不是别人。如果你的声音和其他人一样，就很难做到这一点。甚至在不知不觉中，人们也会问你为什么要借助行话。你在隐瞒什么？即使是使用第一人称复数"我们"或主动语态，而不是"业务"或被动语态这样简单的技巧，也能帮助故事更人性化。被动语态可能听起来更正式——"营业利润正逐步被改善"——但这并不意味着你实际上在控制局面。语言越"正式化"，个人就越难理解它，最终也就越难理解它背后的讲述者。不要站在它后面，要站在它前面。如果你不敢正视别人，你怎么能指望他们信任你呢？如果你对不同的听众讲不同的故事，他们怎么能相信你呢？

想象一下你需要把所有的听众都集中在一个房间里。你能给他们讲一个关于你公司的故事吗？为什么不呢？这是一个很有煽动性的问题，但却非常切题。对不同的人做不同的事，结果对任何人都毫无意义，或者更糟。你的故事越支离破碎，越不完整，你可能激发的信任就越少。英雄不会在故事进行到一半时改变自己的身份。你也不应该那样做。如果你讲述的是相互矛盾的故事，而不是一个始终如一的、可信的、可证明的故事，那么你就很难让人相信你的故事内容。

第三章
如何打造令人痴迷的品牌故事

他们说每个人心里都有一本小说。我不太确定。我在出版业工作过，也见过不少被退稿的人。这是一幅令人沮丧的景象。如果每个人心中都有一本小说，那么并不是每个人都有能力将它传播出去并与世界分享。罗伯特·麦基曾说过，讲故事是我们所有人做过的最艰难的事情。好消息是，因为我们都在讲故事，所以我们都是讲好故事的本能专家。我们只需要在业务环境中记住并接受这一点。所以，虽然不是每个人都可以出版小说或剧本，但每个企业都有故事可讲。如果你真正了解你的业务，你就可以讲述你的故事。你不需要创造一件艺术品，但是你可以学习如何将商业中的故事作品应用到你的商业故事中。

寻找你的故事

电影再次提供了最有效的模型。你可以说，电影为了商业目的已经完善了其叙事的艺术。虽然商业化可能在诞生之初就抹平了太多的创意，但这个行业仍然可设法讲出有意义的故事并打动人们。这些故事之所以能够成功，是因为它们往往会重复利用从行业诞生之初就为其服务的原型。其中一些经典情节可以追溯到讲故事的起源，但这些经典情节在今天仍然有效且值得信赖。好莱坞继续为其产品寻找市场，不是因为它们永远都有"新货"，而是因为它们拥有让人安心的"旧货"。或者如乔纳·萨克斯（Jonah Sachs）最近所说，他完美地总结了神话故事能在任何情况下发挥魅力的原因：

这些故事深深地根植于我们的 DNA 中，无论你出生在何时何地，某些故事原型都会对你产生巨大的影响。当我们听到基于这些原型的故事时，感觉就像是在记忆中找回被遗忘的东西，而不是在学习新知识。

并不是每一部新电影都是经典之作，但那些成功的电影往往在某种程度上是基于这一原理的。旧瓶装新酒，代代相传。

这种说法应该会让任何没有"原则"的公司振作起来。如果一个价值数十亿美元的产业在反复地探索"七个基本情节"之后，仍然能够发挥无限的创造力；如果人类对英雄主义的喜好能够跨越几个世纪，如从《贝奥武夫》（是盎格鲁－撒克逊史诗，而不是 2007 年的电影）跨越到《金刚狼》第三部（我假设在你读本书时，该电影已经上映），那么任何相信讲故事的能力和技巧的公司都可以与世界分享它们自己的故事。

在所有可识别的原型中，也许最普遍的原型是任务叙事。

从巴比伦史诗《吉尔伽美什史诗》（*Epic of Gilgamesh*）到吉尔·加梅什的《指环王》、《朝圣者》（*Pilgrim's Progress*），詹姆斯·乔伊斯的《尤利西斯》，再到基于荷马的《奥德赛》的《逃狱三王》（*O Brother Where Art Thou*），几乎每部史诗都属于这一类。这是约瑟夫·坎贝尔的《千面英雄》（*Hero with a Thousand Faces*），构成了英雄旅程的"怪诞"。正如坎贝尔（Campbell）在他的介绍中描述的那样：

一个英雄从平凡的世界冒险进入一个超自然的奇迹区域。他有神话般的力量，并赢得了决定性的胜利。之后英雄从这个神秘的冒险中回来，并有能力为他的同胞给予恩惠。

坎贝尔声称，这个神话在基督、佛陀以及荷马的《奥德赛》等众多故事中都可以找到，后来也启发了《星球大战：最后的绝地武士》（*Luke Skywalker*）的灵感。任务叙事揭示了故事和旅程之间的密切关系，因为人们跟随英雄的旅程寻找圣杯，但最终找到了自己。有些探索性叙事只涉及隐喻之旅，探索者进入自己的灵魂深处寻找启蒙或发现自己的真实身份。虽然这其中可能有艺术加工的成分，但它确实显示了其基本结构的强大灵活性。

这就是原型的力量。它们适用于任何地方。其普遍性使我们能够超越业务细节，从而直接确定构成故事基础的核心真相。英雄可能穿着盔甲，拿着亚瑟王的忠诚盾牌，或者穿着洛杉矶警察局徽章的制服；但他正打算寻找宝物。这些英雄最终发现自己的机智，观众与他们一起旅行，分享他们获得的智慧，并富有想象力地将其运用到我们自己的欲望和环境中。这就是为什么任务和旅程为我们的目的提供了完美的模型。他们将知识、经验和动力锁定在他们的结构中。正如《逃狱三王》中人物乔治·克鲁尼所说的那样，"每个人都在寻找答案"。每个公司都渴望着向"某个地方"迈进。你的故事是你承诺的发现和实现之旅的替代品。如果这个故事鼓舞人心、充满灵感和节奏紧凑，那么客户将倾向于与你一起踏上这段旅程。

编写核心故事的脚本

我们经常在研讨会上做以下练习,通过好莱坞的成功案例,帮助客户发展自己的核心故事。该课程改编了无数电影中采用的经典故事弧形结构的版本。包括:

1. 介绍英雄的世界;
2. 确定的任务;
3. 旅程,涉及试验和挑战;
4. 解决方案:重建英雄的世界。

你可以根据大多数好莱坞电影所基于的结构，对客户的基本大纲进行调整。

以下是为期半天的故事开发研讨会的概述。我要指出，虽然我借鉴了好莱坞常见的原型，但这并不涉及将心理学应用于品牌建设业务。这是一个完全不同的学科，超出了本次讨论的范围，并且更容易适用于消费品品牌。虽然产品品牌可以有效地以人类类型为模型（无论是叛军、贤者还是小丑），以使其在消费者的深层意识中引起共鸣——他们的集体历史、文化、价值观、抱负和精力都有助于他们成为或可能成为独一无二的人；但产品品牌也可以是机会和机遇，也可以是感知的需求，而公司品牌则需要在其身份与目标之间进行动态对话。如果使用原型，它们必须反映出文化所定义的真实现实，而不是理想自我的投射。

研讨会方法专为希望发现或重新发现其核心故事的公司而设计。它可以用作品牌开发过程的一部分（通过认真地进行访谈、设计、咨询和视觉开发，它们都可以发挥应有的作用）。正如我所建议的那样，故事在某些地方通常比品牌更容易接受。因此，将故事开发研讨会用于特定的沟通任务可能会为公司及其品牌开辟新的视野。我们即将开始的旅程可能是更长的一段旅程的开始。

英雄的主角

虚构的故事大都从介绍英雄和他生活的世界开始。一个故事需要英雄,用英雄的术语来思考任何品牌或企业也是有效的。首先,它鼓励关注核心人物和事件。即使是超级英雄也不能事无巨细地帮助所有人,否则他们就有可能变得平淡无奇或令人困惑。

在初创公司或不太成熟的公司里,英雄很可能类似于创始人。他们就是目前的故事,但他们拥有哪些英雄品质呢?他们将以何种方式改变世界？魅力十足的首席执行官可能是公司的媒体形象，也是公关的第一个参考点。但是，公司的故事真的可以由一个男人或女人概括吗？其局限性是显而易见的。在寻求一个可持续的故事时，把所有的自我放在一个篮子里是不明智的。因此，尽管在思考公司故事时想象成单个"英雄"是很有用的，但这在很大程度上是一个类比。企业品牌应该像个人一样，但不能只是一个人。

把你的品牌视为英雄，并带他/她踏上自我发现的经典之旅，这会鼓励我们深入了解品牌，从而让人们看到品牌价值。这种英雄结构有助于确定品牌核心的大创意。我们首先评估一下我们的英雄世界，涵盖以下广泛主题：

你从哪里来的？

谁对你很重要？你看重什么？

你和谁竞争？

什么对你的世界构成威胁？别人如何评价你？

其中一些问题将比其他问题更重要，有些问题则更难被回答或达成一致看法。在这个阶段，考虑公司的传承或在编剧中将"背景故事"写成叙述是很有用的。英雄的来历可能在其身份和动机中起决定性作用。该公司的创立愿景及其已经克服的挑战,甚至是其"家谱"(如果它是通过一系列联盟来实现的),都可能与我们现在塑造的故事有关。我们甚至可能在记录一个古老的企业传奇。但是,传承故事并不适合所有人。正如许多故事所显示的那样,出身常常给英雄造成阻碍。传承可能有助于明确你的身份,但你需要对过去的东西的有效性进行评估,毕竟在旅途中你不能随时携带所有东西,如果携带太多的东西只会压垮你。

谁对英雄很重要?这会改变吗?谁是你业务的主要受益者?谁又是你故事中最重要的受众?这些问题值得一开始就确定,因为你以后必须对它们负责。这事关内部利益相关者、受众以及外部利益方。

如果有英雄,就必须有一个对手,或有一股阻挠他/她前进的力量。毕竟,威胁的到来往往促使展示其英雄属性,然后再踏上其旅程。共同的敌人是激励公司明确自己的定位,并团结起来进行反抗的最有力手段之一。明确自己的定位及为什么——"我们只是不做这样的事情,××会很乐意这样做,但我们会走不同的路线"。这在形成故事的核心方面确实很有用。正如苹果和微软、可口可乐和百事可乐证明的那样，知道自己是谁在一定程度上就是知道自己不是谁。

这种威胁可能不是以竞争对手的形式出现，而是在不同路线的外部力量中发现。在这种情况下，可能促使公司评估其身份，以及评估新故事中所阐明的目标。由于英雄可能必须战胜自己内心的恶魔来实现自己的命运，所以公司可能不得不接受阻碍它前进的事情。这些恶魔构成了英雄自身理想形象的阴暗对应者，如果你不踏上变革之旅，它们可能代表着你将成为什么样的威胁。在设置中处理这些问题，意味着在以后遇到它们时，它们更容易被识别和战胜。

每个英雄都有特殊的品质，有能力或武器来保护他或她，并在冒险过程中经受各种严峻考验。你的品质是什么？你与众不同的是什么？在定义品牌时，这是一个常见的问题，将其放在此旅程框架中，有助于将注意力集中起来分析此类品质是否是有效的、可持续的。这些优势和价值观能否让你为未来的道路做好准备？这些可能性会随着旅程而改变，或者你可能需要在途中获取新的可能性。

最后，人们怎么评价你？不管是在媒体上，整个行业中，还是在内部。你是否对此感到满意，还是你想通过证明自己能够创造出崭新的现实来更好地保留这一声誉？进行此操作的一个有效方法是想象公司的墓志铭。如果你明天便离开这个世界，人们会怎么评价你？你的事业会是一个不完整的悲惨故事吗？如果是这样，悲伤也无用。你还有时间来改变这一切。旅程甚至还没有开始。

引人入胜的冲突

冲突是戏剧的本质，冲突还能推动情节发展。其经典的代表例子是亚里士多德（世界上第一个故事理论家）所说的"煽动事件"。亚里士多德戏剧通常分为三个部分，开头、中间和结尾。故事从"煽动事件"开始，通过提出要解决的问题来启动行动。从根本上讲，戏剧性的叙述是解决问题的机制。你可以在"煽动事件"中设置一个问题，让你的英雄通过叙述的曲折来解决它（但绝非易事）。在探索性叙述中，这开启了寻找解决危机所需的一切。于是，旅程开始了。英雄可能安于现状，不想去旅行。但停滞不是一种选择。如果事情保持不变，就没有戏剧，没有故事。即使是超级英雄也必须偶尔证明一下自己。

旅程总是充满挑战，甚至是牺牲。旅程有助于我们理解和接受这一点。将公司想象成原型英雄的主要优点之一是它提供了一个原型的普遍性。正如奥斯卡·王尔德所说，"给一个人一张面具，他会告诉你真相"。我们这里并不是在谈论角色扮演（虽然这可以证明是有效的），而是在我们英雄的旅程中确定什么是重要的。英雄叙事只能保留对完成任务有效的东西。因此，按照故事所要求的逻辑和势头，可以帮助公司在未来放弃一些看似神圣的原则。

编剧或作家不断问自己，我的主角想要什么？这提出了"贯穿线"，它也应该为你所用。许多企业愿景的问题在于，它们往往不够有远见或专注。愿景应该是清晰的，它是你可以看到的东西，几乎是可以触摸到的，它是如此真实。我们又回到了故事需要有焦点和清晰的定义，故事不是模糊的情绪或修辞。

"圣杯"可能是一个更有效的术语。这种浪漫的原型既激发了远见和目标，又成为一种奇异意图的隐喻，已广为人知。你叙述的"圣杯"也应该清晰明了，其有形性和可实现性方面应该是明确的，但也应该是有抱负的和鼓舞人心的。它能让你的故事在竞争对手面前脱颖而出吗？它的细节是否精确清晰，是否足以激励人们追求它并改变你的商业故事？一家企业的故事发生了转变，在出发前先真实地描述一下这个变化的现实是很有用的，并且评估一下你现在是否有实现它的能力，或者你是否准备好改变。如果你现有的企业愿景或目标具有这些品质，那么它们可以为你的叙事提供帮助。如果没有，则在出发前要更用力地去推动。没有冲突，没有戏剧，没有故事。

我不是说你现在必须要去寻找"圣杯"。相反，通过运用精巧的叙事所要求的严格性，你可以为该策略带来更大的清晰度、连贯性和动力。如果你可以根据一个清晰而引人入胜的故事来想象自己的未来，那么它更有可能实现。

曲折的旅程

"圣杯"被确定,这将成为你正在开发的故事的鼓舞人心的焦点,以及你开始叙述的"贯穿线"。现在是时候去考验它和你自己的英雄气概了。英雄在出发后不久就会面临十字路口,就会面临着他/她的第一个挑战。在情节进一步发展之前,你还必须完全确定故事的发展方向。从质疑"圣杯"本身开始,把主题和故事的重点放在审判上。真的,如果可以的话,选出一些"魔鬼"的拥护者来质疑提议的发展方向。不管怎样,团队中肯定会有一些怀疑论者,所以让他们为之辩护,再让最坚定的拥护者把它拆开。

从一个大问题开始：谁在乎你的故事的主题和焦点？它是否令人信服、与众不同、激励人心？对任何人都有影响吗？尤其是那些对你最重要的人。之后人们可以提出一些挑战，反复质疑"这对我意味着什么？"，这有助于确保你的旅行不会变成自我旅行。你所讲的故事和所走的方向必须对企业具有说服力。如果没有，那就另辟蹊径。宁可回到原点上，也不要走错方向。

下一个挑战是证明你具有所需的能力。这里就是你的圣杯所象征的大故事理念得以实现的地方，用一些脚踏实地的实例来证明这一点。由于一些最引人注目的叙述都带有"基于真实故事"的传奇色彩，因此，确保公司故事能够兑现承诺的最佳方式之一，是根据公司的现实行为找到它。让员工分享他们对公司的看法，可以提供一种强有力的手段，以建立一种共同的信念和对组织的归属感。它能发掘出一些有前途的材料，用于核心品牌叙事的开发和支持。

这些不同看法构成了一种企业智慧，在大多数探索性叙述中，获得特殊智慧是关键阶段。这种智慧可能只是提供开启完成任务所需洞察的魔法钥匙。在你已经拥有的逸事宝藏中可以找到丰富的叙述内容。

因此，经过一系列的考验、挫折和危机，英雄即将完成使命。然后，他/她通常会在运气快要结束时遭受致命的命运逆转，他/她必须再次发挥勇气和智慧。你真的有魄力提出你的提议吗？你现在可以说出来，并且能够兑现承诺吗？可能你感觉时机还未成熟。那么，需要改变什么呢？你准备好了吗？这涉及一些真正的反省，可能会引起一些对未来的怀疑和异议。

原型任务的叙述通常至少一次在关键时刻触碰到你的底线。同样，你可能需要运用先前提到的"墓志铭"方法。你希望有一个怎样的故事结尾呢？

圆满的结局

当旅程接近尾声时,我们必须思考如何回到现实、如何回到平凡的日子。因此,决议是我们把所有不同的丝线聚在一起并拧成一股绳的地方。这包括严格选择那些值得在旅途中幸存下来的想法和趣事。在你所居住的世界里,这些将如何运作?你的故事该如何调整才能更接近真实?因此,最后的场景涉及最后的总结,以确保你对故事所承诺的新世界的含义很清楚。

同样,把事物形象化,详细描述新现实的所有细节。在故事的讲述过程中,它会是什么样的,感觉是什么样的,听起来又是什么样的？现在人们会怎么评价你？你设定的价值观对你有效吗？如果有时间，你甚至可以重新思考墓志铭，并撰写新的墓志铭。我们现在正在考虑叙事的结尾，所以必须承认每个英雄的故事都有一个开头、中间和结尾。

这就是结尾，我的朋友。

美好的新生

事实上,并非如此。这仅仅只是开始。研讨会可能结束了,演出结束了。但是,随着灯光亮起来,我们回到我们的办公桌前,真实的故事开始了。

我们都知道,品牌要兑现承诺,就必须"活下去"。但是,我们也知道将其付诸实践有多么困难。品牌是难以生存的东西,因为它们本身并不存在。作为一个名词,"品牌"是一个抽象概念,需要其他事物或其他人使它成为现实并赋予它生命。然后,由这些事物来承载这些含义。如果是无生命的对象（带有公司身份属性的产品），是被动地携带这些含义；如果是有生命的对象（即人类），则人们会通过行为方式来主动地彰显这些含义。

故事虽然源于思想领域，通过语言媒介锻造，但故事本质上是关于行为、事件、关系和经验的。而且，通过行为和经验，大多数企业品牌兑现了承诺并建立了关系。因此，尽管品牌很难融入其中，但故事却是参与的完美之选，它使人们能够在所讲述的故事中确定自己的角色和目标。"讲"也是一种策略。通过这种方式来对你的品牌故事进行测试，可以为故事的真实经历和实现品牌承诺做好准备，以应对未来的真实旅程。当故事变成体验并传递品牌承诺时，知道你的故事要去哪里，可以激励人们和你一起去旅行。因此，它最终可以在一个组织内带来更大的团结，因此你可以向世界呈现更加一致的身份和更连贯的故事。故事往往是循环的，即可以建立一个叙事和现实无缝连接的良性循环。你讲述的故事将反映你生活的故事，并成为可以让其他人进行分享的故事。

实际上，我们在这里分三段旅程进行谈论，即在此文本编写过程中至少会出现的三个可能的故事：

1. 你的自我知识之旅，以发现和确定你的故事需要的全部内容；

2. 你所发展的故事叙述之旅，是可以作为吸引客户的旅程和关系的一种替代；

3. 这种关系的替代本身，就是你所经历的旅程，以及它作为现实生活所产生的故事。

我们已经踏上了第一段旅程。我们现在需要考虑第二段。

发展你的核心故事

所以,你有你的故事。一部充满英勇事迹、鼓舞人心的愿景和惊心动魄但经过全面考验的探索传奇。你所拥有的东西有很大的潜力。但是,正如他们在好莱坞说的:"它仍然需要打磨。"

设计故事和讲述故事是截然不同的。因为当你开始讲述你的故事时,你不再是英雄了。这就是追求叙事的真正意义所在,也解释了它们持久吸引力的原因所在。

英雄和超级英雄的利益通常服从于他们所服务的社区的更大利益。集体事业甚至可能涉及他们的个人牺牲。那些不再为拯救、改造或救赎世界服务的英雄，或者未能重新融入这些社区的英雄，要么死亡，要么被拒绝。他们成为局外人，被边缘化。这就是故事作为一种社会行为的功能，它服务于比个人英雄更广泛的目的。使这些故事引人入胜的因素是认同。观众认同英雄，或者更确切地说，他们希望在自己的梦想和抱负中成为英雄。基本的情感置换角色的故事总是有效的。

你自己的故事也是一样，必须通过"对我有什么帮助？"的测试，让你的观众很容易与你产生联系，并看到你的世界，你承诺为他们创造。你承诺通过圣杯来充实或救赎的世界应该是你故事的焦点。这个故事不应该是你奋斗和挑战的史诗般的传奇。你必须先吸引注意力，用完整的叙述来抓住它，并通过创设关系来满足它。还记得电影的情节吗？现在是时候为你自己的故事设计一个了。

用正确的叙事结构讲好故事

一个核心故事很像一个品牌定位。你需要通过严格的叙事方式使其具有连贯的情节，确保它具有与世界共享的一切要素。

一个核心的故事应该提供你用来满足特定需求的基础。不同的渠道和场合需要不同的方式来讲述核心故事，根据具体情况量身定制。

不过，有一种结构能运用到绝大部分的场合中，我把它称为"哇，怎样，谁"的叙事结构。之前，我在帮助一家科技公司改良网站时,就提到了这一点,下面我来解释我们是如何使用它的。实际上,我们首先用PPT演示文稿撰写了这个故事,旨在引起潜在投资合作伙伴的兴趣。在这种情况下,需要以清晰而令人信服的方式吸引非专业人士的注意力,然后再继续解释如何实现这一目标以及为什么只有他们才能做到这一点。

如果你不能保证事先对公司有全面的了解,或者对主题有详细的掌握,又或者是有充足的时间,那么"哇,怎样,谁"叙事结构最适合这样的情形。你必须首先让人们眼前一亮,否则你就失去了机会。然而,如此之多的公司被它们的工作和身份所束缚,失去了对"为何这会很重要"的关注,忽略了解释"为什么任何人都应该关心"这个问题。失去这个焦点,意味着你已经失去了观众。它们可能有一个伟大的故事要讲,但是对于特定的受众或特定的机会,它们讲得本末倒置,弄错了顺序。

有时你必须用金字塔的模型来思考你的故事,然后决定需要做什么。它有助于确保正确的消息以正确的顺序服务于正确的受众和渠道。为什么是金字塔?因为金字塔具有结构完整性,有助于明显强化叙事一致性的核心原则。它们有几何和数学上的意义,且善于表达出讲故事的逻辑严谨性。然而,它们与最古老的文明之间的联系,也赋予了它们古老的权威和富有想象力的魅力,如在这些建筑上讲述的象形文字故事,我们至今还没有完全理解。它们是为了讲故事而制作的,并反过来产生了无数的故事。此外,基本的三角形结构非常适合强调在你的故事中需要有一个简洁、重点突出的信息,它牢牢建立在所有支持这条信息的分支和基础信息上。

许多公司倾向于用倒金字塔作为故事的结构。它们经常试图提供所做之事以及它们是谁的所有细节。结果,故事因此结束了。你传达的细节越多,信息越复杂,这些信息就应该越往下延伸。如果你试图把它们全部塞进故事金字塔的顶点,它们就会因之而变形和变重,或者倒转甚至翻倒。从故事金字塔的角度思考是完美的。你只有一个很小的窗口来吸引注意力,所以你需要使用亮眼的"哇"来开始,以确保关系随着故事的发展而加深。是的,你应该把一切重要的事情放在最上面,但是这应该是简洁地表达。通过简洁而有说服力的方式,你鼓励读者继续关注"怎样"和"谁",这在下面会有更详细的阐述。

"一个人的脚印的出现",这个细节是丹尼尔·迪福的《鲁滨孙漂流记》中的主要转折点,这告诉孤独的漂流者,他在岛上是有人类陪伴的。当然，线索形式的细节对于侦探、间谍和神秘故事来说是必不可少的。同样，一个精选的例子（可能是一个创新的产品）可能会充分说明你的方法的与众不同之处，这远比试图说出一大堆形容词更能有效地进行雄辩展示。你会了解自己的业务，如果你开始找到自己的声音并理解自己的独特故事，那么你将本能地知道财富的所在。

也不是说"哇"每次都应该是最重要的。你需要知道什么是适合你的故事，从金字塔的角度思考有助于确定核心消息的顺序和细节的适当使用。"谁"可能是让你的故事获得惊喜的人，在某些情况下，这可能是你需要引导的信息。"谁"，当然，是任何故事中的重要组成部分。一个故事需要英雄。虽然这最终可能是客户或其他重要的利益相关者，但消费者还是最终购买商品的人。情感联系对讲故事至关重要。

事实上，正如安妮特·西蒙斯（Annette Simmons）所言，事先确定谁在讲述故事总是必要的。她的优秀著作《故事因素》（*The Story Factor*）深入探讨了故事的心理，以及它可以用来赢得人们青睐的许多方法，甚至能赢得那些不相信或不信任你的人的青睐。正如她所言，你的身份很重要，在你试图说出一个词之前，人们往往已经形成了自己关于你的故事。这决定了人们倾向于接受还是反对你所说的话。

你无法控制别人可能已经讲述的故事。这些故事对你来说可能是负面的，诸如"我买不起你的服务"，或者"你太大了/太小了而无法满足我的需求"……这些往往是无意识的情绪，而不是具体的事实。简而言之，就是故事。因此，用大量合理证据来消除这些障碍不太可能使你走得很远。你只能用故事来抗争故事。它是用来建造桥梁和建立联系的。正如西蒙斯所说："一个故事比告诉别人他/她应该怎么想更值得尊重。"相互尊重。一旦你建立了联系，你就可以一步一步地打动你的听众，让他们看到你所看到的世界。

当我开始写你现在拿着的这本书时，我本能地感到有必要这样做。因此，我自己的故事金字塔是从"谁"开始的。你根本不了解我，所以我必须建立一些可信的权威来就这个问题向你讲话。我自己的故事讲述了我在文学和商业领域的专业经验。我希望这种经验能在某种程度上验证我想与你们分享的观点，并在寻求这样做的过程中确立一定的权威。在你准备考虑我要说的话之前，你需要知道我是谁。

有时，正如西蒙斯所说，有时人们需要徐徐图之，不然就会鸟惊鱼溃。急急忙忙地把事实、理性的论据硬性地推销出去，人们反而会避而远之。给人们讲个故事，你可能会慢慢赢得他们的支持。虽然我认为故事需要清晰，但西蒙斯认为，它们的部分说服力来源可能是模棱两可或未完成的，这使得人们有足够的空间从所述故事中形成自己的结论或判断。

　　故事不应该是教条的传递，其最大的吸引力是想象。或者，正如专业编辑安德鲁·斯塔顿（Andrew Staton）在最近的 TED 演讲中所说："不要给听众 4 个，给他们 2+2。"大脑喜欢解决问题，并参与完成事情。故事允许它做到这一点。当一个故事被接受者完成时，它就真的开始"活"在想象中；在智力层面上将 2+2 变成 4，并通过将它们运用到我们的生活和故事中，来认同它所持有的核心情感真理。它通过不那么严格的定义来最有效地实现这一目标。

　　因此，本着"不定论"的精神，我应该注意到，本书前半部分所解释的原则不应被视为铁律或僵化公式。我最不想做的事就是把直觉和人类的冲动变成一种机械教条或技巧。这些是要遵守的原则，而不是规则，它可以在需要时进行调整。

现在是时候考虑如何以适当方式将所有这些内容应用于公司的日常业务了。

第四章

品牌故事的宣传渠道

在哪里讲述你的故事？我想，最直截了当、一目了然的答案是"随时随地"。在你的每一次交流和体验中，都应该是在述说着同样的故事，并服务于所有听众。公司通常无法做到这一点，这并不奇怪。外部的不一致性通常会在内部反映出类似的分裂。组织内的"孤岛"不可避免地会导致所述故事的不一致性。因此，我们经常会发现，一个真实故事，是在其公司的发展页面或发展报告中，而不是在其首页。仅靠"公司简介"或年度报告，是得不到构成故事的重点、真实性或想象力的。或者，我们也可以去招聘广告或社交媒体中探寻一些，它反映了较为平易近人的一面，但在其他地方却没有足够的证据。

很多公司在讲述自己的故事时，似乎都遭遇了身份危机。叙事的不一致在寻求激发信任时，可能蕴含着严重的问题。针对不同受众使用不同的故事，就表明这家公司是在用"分叉的舌头"来说话，其虚伪性昭然若揭。如果所述故事破裂，你的身份也会随之破裂；如果所述情节丢失，你的观众也会随之丢失，或者至少丢失了他们的信任。客户或利益相关者的关系就像是一段旅程，如果线路中断，则关系也会随之中断。故事需要一条完整的线路，而它也恰恰提供着一条线路，即在你所述故事的内部及相互之间的联系所构建起来的线路。因此，你所构建标记出来的空间及战略重点和方向等故事情节，都必须在你的所有沟通和经验中得到尽可能连贯的表达。这就是真正的"诚信"所在，从而建立起信誉和信任。

这并不意味着你的故事不能适应特定的需求、环境和渠道。这正是本书要带给大家的内容。以下几章将带我们有选择性地去深入通信领域，其中涉及一些我具有直接经验的学科或渠道。在我的每一本书中，我都简要地思考"讲故事"在这些特定领域中的作用。

所以，从哪里开始讲呢？当爆米花的香味仍萦绕扑鼻时，当电影的主题音乐仍回荡绕耳时，对我们而言，娱乐圈的存在显然还是很有意义的。"故事源起"的第一个例子是叙事和戏剧艺术被（或应该）直观采用的一些应用方法。在某种情况下，它们经常被过度使用，而相反又可能被无情地忽视。我们将从电影和PPT开始，这是企业的故事实践中最具有娱乐性的应用程序。

如何利用视频讲故事

这是故事经常出现的一个领域,为我们提供了许多机会。好莱坞是视频叙事的绝佳素材库,因此,在会议中的叙事文章可以在你的"预告片"中按比例缩小并简洁地表达出来。现在可以在你的主页或会议中,进行彩色、立体声、全景和史诗般的视频曝光了,对吧?

错!视频具有讽刺意味的是,在讲述企业故事时,是最不需要向好莱坞电影寻求灵感的地方。事实上,我们应该把目光移开，从讲故事的原理中吸取其他的教训，温和地将故事从宏伟的史诗般的大高速公路上引向一条通向人类的更谦卑的路线上来，最终达到同一个目的：感动人类。

我并不是在建议你，将我认真提出的所有理论原则都抛弃掉，而是现在我们终于可以在实践中应用它们了。尤其是在这里。电影可以说是一种自然甚至"纯粹"的讲故事媒介。因此，它非常需要主题的清晰度和线索的连贯性，尤其是情感上的联系。关于思考核心品牌故事，这就是它之所以会成为一个有用模型的原因。如果我们随后未能将其用于动态影像的最佳功能，那将是一种令人震惊的浪费。在我们成长过程中，有无数专业电影叙事实例，并且我们对媒介实现的可能性寄予厚望。矛盾的是，这正是问题所在。因为我们面前有这样的标志性例子，所以当我们通过电影来讲述一个企业故事时，会强烈地倾向于去模仿它们的伎俩和服饰。这样做，从根本上来说，是灾难性地误用了叙事方法。

好莱坞电影是一种以娱乐人们为目的而经过精心调校的工具。它运用了我所说的所有原则，通过情感联系和认同感来吸引并满足人们。是否需要增强这种情感？没问题，这里可以使用一些易引人入胜的感性音乐来渲染出影片所要呈现的效果，并确保屋子里所有人的眼睛都深情含泪。

问题是，这不是全部。太多的企业视频模仿好莱坞，但最终看起来都略显业余。在我们成长过程中，流行音乐和古典音乐都已人尽皆知且受万众追捧，但我们不会想着预订体育场或站在观众面前，用电吉他或大钢琴演奏我们的处女作。那么，为什么仅仅因为有人递给我们一部电影摄像机、一套剪辑软件和适度的预算，却认为自己就是下一个史蒂文·斯皮尔伯格（Steven Spielberg）呢？

这听起来可能有些刺耳，但有这么多的公司利用视频大肆宣传，却收效甚微，这是很不寻常的。同样的激昂音乐，在一部惊心动魄的英雄史诗或浪漫喜剧中会引人入胜、扣人心弦，而当它伴随着制造业、企业大厦等场景时，最终只是落入俗套。它可能会让观众一时激动（如果它没有让他们作呕或不舒服），但它最终没有传达任何信息，因此浪费了一个非常有效的讲故事媒介。

到处都可见被浪费的机会。从定义上讲，视频是一种视觉媒体，所以比说出来要有效得多。然而，如此多的企业视频依靠文字字幕来讲述它们的故事（无声电影的时代已经一去不复返了）。或者是依靠会说话的人，在沉闷乏味的环境中传递着单调的独白。事实上，它们还经常提供演讲的稿件和文本笔录，这又恰恰表明它们本能地自我意识到这些内容的真正归属。视频通常用于传达信息，而这并不是它们最大的优势所在。它们只是提供信息，告知何时应该真正寻求启发。

或者，当它们寻求启发的时候，会走到另一个极端，最终传达的信息很少。在这里，我们发现一些公司试图大规模地讲述和展示所有内容，但却没有叙事或选择性的聚焦。太多的企业视频实际上只是罗列了公司做的每件事以及进行的场景，再加上适当的夸张音乐，以匹配公司所描绘的史诗般规模或所谓的全球主导地位图景。

我曾说过，企业故事总是需要客观化和真实化，以展示公

司的所作所为是如何触动现实世界中的人们，以及为什么这一点很重要。它们也需要这样做。事实上，这是媒体最擅长的。运动图像（电影）是为用人物故事来感动人们而制作的。然而，这种机会往往被浪费掉，迪安·贝斯威克（Dean Beswick）称之为"公司墙纸"。迪安·贝斯威克是拉德利·耶尔达公司的移动图像主管。他的见解鼓励我消除这一媒介中最严重的过度行为。但他建议企业应该怎么做呢？

首先，它们需要缩小规模。不要总是尝试讲大故事。你没有预算、能力或时间来完成好莱坞史诗般的剧情，而且你也不是来娱乐的。因此，迪安认为，纪录片是传播公司故事的一种更有效的类型。它们不会什么都说，但要关注对人们有意义的实际问题。当你的听众能够认同所描述的问题或人物时，故事才能发挥最大的作用。如果你试图展示自己所做的一切，或者以抽象或浮夸的方式来谈论这些内容，将注定会失败。

即使是好莱坞，在讲述最宏大的故事时，也并不总是采用宏大的史诗模式。它的英雄并不总是超级英雄，而是我们身边的那些普通人，会卷入到重大事件之中。战争片通常不再涉及战争本身，也很少涉及将军。世界历史性大事件已为人类大规模、普遍性的戏剧提供了背景。战争赋予了故事的背景（为什么个人需要面对自己所面临的挑战），人性赋予了故事关联性，易让人产生情感共鸣。同样，如果以较小的切入点进行具体化和人性化的叙事，那么企业要解决的重大问题或挑战就更加可信。正如迪安所言："去捕捉那些正确的细节，有意思的是，你可用它来讲述一个更为广泛的企业故事。所以，与其什么都说，不如说一件有意义、切实、重要的事情。"让特殊性成为普遍性，个人将为你的企业品牌赋予个性。这就是被称为"提喻"的文学原理，其中的一个独立部分代表着整个创意，并且可以在一部短片中非常有力地发挥作用，一个雄辩的细节就可以说出一个公司所蕴含的内在。

我曾经看过一系列关于创新材料的电影，那些负责发明的人解释了为什么这些发明如此具有开创性，以及它们的用途。这些简短的叙述非常详细，但是，比起他们用说话的人或高亢的音乐提出的任何声明，电影对公司的"创新"更具说服力。更重要的是，发明者对创作的真正热情是具有感染力的，并使情感上的联系（尽管是高技术含量的主题）远比任何美学修饰都有效。

用视听效果来讲述故事可以赋予品牌以生命力,并且比任何试图用言语来描述的准则都更有效地捕捉到品牌的"气息"。正如我反复强调的,如果一个故事想要真正传达一些信息,情感联系是必不可少的。情感在电影中比任何其他媒介都传达得更好。电影可以探索各种各样的情感,而这些情感根本无法以书面形式传达。它拥有情感的力量,并通过这种力量与那些允许自己被感动的人建立起联系。幽默可能真的很有趣,但在纯文本中它可能会变得平淡无奇。悲剧可以通过将问题带入现实世界来强调问题的重要性,并使单个故事反映普世需求。

我们是知道这一点的。这也正是我们去电影院看电影的原因。这就是为什么,我们仍然更愿意与人们面对面交流并亲自参加重要会议的原因,尽管技术上的突破足以克服距离上的限制。人与人之间的交往,亦是如此,而视频恰好是此类实时联系的最强大替代品。如果做得好,电影可以体现人们的业务形象。一个真实的人,就是这样。不要只让 CEO 或董事讲述你的故事,他们会在年度股东大会或英国《金融时报》(*Financial Times*)

上这样做。应该要扩展"演员"的名单,让那些接近正确细节的人,来说明是什么会让你的故事变得如此重要和有趣。把会说话的人换成会演戏的人,让真实的人在真实的情境下真情流露。

在这方面,用户生成视频(UGV)是一个非常有用的工具。YouTube之类的网站,已经成为社交媒体领域一个家喻户晓的自媒体工具。首先,它是低成本的。你的预算可能不允许你派遣摄制组去吉隆坡,但你可以向全球员工发送带有说明和指南的翻转相机,并从中收集一些重要内容。虽然效果取决于说明和指南,但比起许多公司努力营造的失败的好莱坞假象来说,结果的生涩或天真更容易被谅解。

但主要的好处是它记录下来的生活,足以说明和充实你的故事。与其谈论"创新""服务"或"让你与众不同的价值观",不如让那些体现或传递这些东西的人把它们变成现实。当你让为你解决了大量问题的人或客户在工作中展示解决方案时,为什么还要抽象地谈论"解决方案"呢?通过讲述较小的真实故事,可以使你的更大的故事变得更可信、更有说服力。一系列专门针对特定问题的简短纪录片或迷你短片,将为你的企业及其文化打开一扇清晰的窗户。

有时在传达信息这件事上，正确的电影类型会比印刷或演示更有效。动画通常是完美的选择。如果你有一些复杂或新颖的东西，动画电影可以把它变成一个引人入胜且易于消化的故事。正如迪安所说，"动画之于图表和插图，就像视频之于照片"。"运动"使它得到注意且引人入胜，并允许你把原始信息转化为一个容易理解的连贯叙述。它可以让数据"戏剧化"。

你可以更简明扼要地阐述规模、历史和事物之间的关系，而不是试图解释这些，因此可以简单地讲述一个复杂的故事。你可以对概念进行动画处理，展示元素是如何组合在一起的，从而让它们在观众的想象中栩栩如生。动画允许你使用视觉隐喻，以容易识别、引人入胜和令人难忘的方式，来传达复杂的想法和创意。在诸如电影这样的动态媒介中，它可以更深入、更有效地传递思想，通过将观众带入隐喻所要传达的故事中，从而将他们与你联系在一起。

动画的某些场景也可以让我们回到童年时代。早先的动画片通常具有教育意义，我们会无意识地把它们与学习的乐趣联系起来。虽然所有的故事都倾向于让我们更容易接受新事物，但动画可能在我们的个人记忆中占有特殊的位置。

动画也非常适合将品牌（企业标识）元素引入故事中。这些元素可以帮助提供视觉上的连续性，以确保你的故事在美学上和概念上都连贯一致。因为它不受空间、时间或任何对人类演员时空的限制，所以这片无垠的天空是你讲述故事的舞台，它可以为你的品牌提供丰富而有意义的表达。

所以，也许你真的可以成为企业故事领域的斯皮尔伯格。

如何利用 PPT 讲故事

在企业沟通方面，很少有工具像 PPT 一样，使用频繁至滥用的程度。我们都抱怨过被 PPT 折磨得死去活来。每天都有无数的"受害者"瘫倒在椅子上，他们的大脑好似被子弹射得千疮百孔。他们渴望演讲者能给他们讲个故事，这样就不用将大把时间用在 PPT 上。

PPT 演示毕竟是一场演讲。还是一场现场演讲，有一批忠实的观众。上台之前，你想象着一切都可以很完美，你可以使用眼神交流，与观众建立起一种融洽、信任的情感关系。你还可以运用一些叙事和戏剧性的手法让他们"逃不出你的五指山"，一切尽归你的掌握之中。但是！当聚光灯打在你身上，观众安静下来……唉，这就是问题所在。

预期的怯场常常会占上风，这就促使演讲者将注意力更多地放在 PPT 的内容上，而不是整体表现上。这样一来，他们不仅浪费了一个让人们参与故事的绝佳机会，而且还误用了 PPT 这一媒介。结果呢？还不如将其作为文档，提供（或不提供）给读者。我知道，我们做起 PPT 来会愈发顺手，而且我们坚信我们可以做得更好。勤加练习、增添自信、减少笔记依赖和丰富的眼神交流……我们能牢记这些要点，然而，下一次在压力中进行演示时，我们的决心又会崩溃。

我想说的不是演讲技巧。我只是想谈论一下在 PPT 中融入更多的叙事艺术，从而将 PPT 变成更有效的叙事工具。

首先，这意味着要改变对内容及其作用的强调。以幻灯片内容为线索的演讲者不太可能讲述一个引人入胜的故事，因为他们并未把听众考虑进去。虽然，如果我们对自己幻灯片上的所有内容做到胸有成竹，且可以独立于幻灯片进行演讲，那么站在那里就不那么可怕了;但是,如果只考虑我们自己的需要,就会忽略一路上伴随着我们的那些无助的听众,进而失去他们。不应该让我们自己知道接下来会发生什么,而是让我们的观众像被故事情节牢牢抓住的人一样,让他们急切地想知道"接下来会发生什么"。

狄更斯的朋友威尔基·柯林斯是一位非常受欢迎的小说作家,他把讲故事的人的艺术总结为格言:"让他们笑,让他们哭泣,让他们等待。"毕竟,听众是用来被俘虏的,你吸引着他们的注意力。

PPT 与网页有所不同。在网页上,你只有大约一秒的时间来吸引对方的注意力,然后他们就会立刻做出决定,是点击进入,还是离开。但在用 PPT 演示时,你无须预先吹嘘所有的"哇"和精彩之处。留一些到最后,向艺术大师学习——不必在第一句话中就给出点睛之笔或透露结局,所以,当你拥有被俘虏的观众和生动的叙述媒介时,请充分利用它,给大家一个惊喜。电影人彼得·古贝尔(Peter Guber)说,讲故事时,惊喜是必不可少的。"期望+违背期望"是每一个成功的故事情节所需要传达的。在一个期望不是特别高的地方,恰到好处地运用这一原则，还有什么会比这更适合的呢？期望的不同会让大家坐下来聆听，让你把你的故事传递给着迷的和被俘虏的听众。

挑战期望，但要建立在可靠的叙述基础上。PPT实际上是一种戏剧媒介，因此，制作精良的戏剧规则也适用于此。当我第一次提到亚里士多德的戏剧原理时，我很清楚我不是在建议你把自己的故事建立在希腊悲剧的基础上。毕竟，一个皆大欢喜的结局是你和听众都想要的结果。然而，从亚里士多德的《三幕戏剧大纲》中，我们可以学到很多东西，这些大纲可以直接应用到某些PPT中，而且非常有用。

肯敦促公司在向潜在客户或合作伙伴展示产品时，采用亚里士多德的三幕悲剧结构——他鼓励公司诚实地面对他们所经历的斗争、所面临的挑战，甚至他们所犯的错误。

我知道，当你的目标是让潜在的合作伙伴或客户相信你的能力时，细想自己的错误听起来有悖于初衷，但这就是重点。这出乎意料，但也很有道理。这需要一些勇气，但也有很大的回报。回报就是通过讲故事的艺术让观众站在你这边。如果你承认自己在奋斗，并解释你是如何克服这些困难的，你就表现出足智多谋和成功的决心（英雄般的特质）。如果你能通过所发生的事情来展示你所学到的（你是如何成长的），你就能给故事传递一个寓意，这个寓意可能会引起听众的强烈共鸣。

记住，每个英雄都有他或她的缺点。这就是使他们变得平易近人的原因。同样的戏剧、心理学原理也适用于此。谦逊产生同情心、故事鼓励同理心，这对潜在客户有直接的好处，比"我们总是倾听客户的意见"更有说服力。

另外，应对挑战和解决问题的能力，也会发出强有力的信息。毕竟，如果你正在推销你的服务或解决方案，你的听众很可能会心存怀疑。通过以这种方式展示你的勇气，你是在向他们证明你是一个可靠的"盟友"。首先，让他们想象他们参与到你的故事中来；接着，实际上，通过你们共同开展业务，会让一切都很好。看到问题在叙述中得到解决，就可以使大脑从解决问题中获得相同的满足感。故事，即解决冲突的戏剧性故事，是解决问题的工具。

因此，如果能将困难转化为成功，那么就能把一家公司的经历变成一段引人注目、令人惊讶但令人信服的旅程。"我们总是倾听客户的意见"只是一个简单的声明。"这就是为什么我们总是听取客户的意见的原因",因为一个貌似合理的说明是,它让客户参与到你的故事中,并站在你这边。

在演讲中经常会出现"杀手级"问题,比如听众问演讲者他们最大的挑战是什么,或者在职业经历中出现了什么严重问题。这通常是为了给演讲者挖坑。此时,不妨预先承认错误或经历过的灾难,而不是辩护。良好的反应能表明你在压力下的机智。从长远来看,战胜逆境表明你有获胜的能力。而且,你的叙述更有可能让他们清楚,到底发生了什么。所以,当你开始讲述你的胜利及接受到的教训时,你就已经得到了他们的充分关注,并将赢得他们的钦佩,甚至可能更多。这甚至可能是一段美好关系的开始。

这就是一个皆大欢喜的故事结局。

如何利用年报讲故事

在经历所有这些娱乐和戏剧之后,也许是时候脚踏实地了。让自己沉浸在投资者关系的清醒世界里,年度报告一般由会计师和公司秘书主持,并遵循自己的惯例、协议和语言,是一个特别抵制讲故事的观念或艺术的领域。如果商业真的是一个由理性统治、基于事实的独立领域,那么这里就是它的中心。

在某种程度上,这是可以理解的,因为监管压力持续影响着年度报告,监管部门每年都出现新的要求,规定了上市公司必须披露的内容。当然，这是对近年来备受瞩目的会计丑闻以及市场信心普遍下降的一种回应。这项立法背后的逻辑很清楚：更多的信息披露将带来更大的透明度，而更大的透明度将导致更大的问责制，这反过来又会恢复信任并增强信心。如果投资者能看到公司的一切，并掌握公司的所有事实，他们就能做出更明智的决定，未来的市场将建立在更可靠的基础上。这一切都具有完全的理性意义。也就是说，只有坦诚的沟通，规则才能被遵守，人们才会以完全理性的方式行事。

然而，年度报告上堆砌的冰冷数据，似乎都是为了抑制有效的沟通，由此产生了可以预见的结果，不同的要求造就了不同的内容，这些内容因人而异，而且没有一条清晰的脉络，只是单纯的堆砌。披露更多信息并不一定意味着更高的透明度，如果细节太多，人们就很难从森林中找到那棵有用的木材。最后，信任反而更难建立。

固定的要求将企业故事塑造成通用的形状，鼓励每个人说同样的事情，听起来也一样。简而言之，"披露"不鼓励故事，这个词本身就很能说明问题。这意味着默认设置是"关闭的"，这与讲故事所具有的那种开放的参与感形成了鲜明的对比。

然而，希望很可能即将来临。尽管有如此多的立法将报告拉向了不利于讲故事的方向，但人们越来越认识到，有必要采取措施扭转这一趋势，或至少减轻数据罗列的倾向。可能最终会出现新的发展：

减少混乱。如果重要的细节被不重要的材料所遮盖，则将无法实现透明措施的目的。报告的重点和目的需要更清晰，为读者提供更清晰的叙述线索。

整合。虽然这主要是要求采用一套更整体的方案来使财务信息与非财务信息保持一致，但这表明人们认识到有必要将各种事物结合起来，在当前存在大量碎片信息的情况下提供更大的叙事连贯性。

解释业务模型。如今，英国的法律规定，企业必须在报告中明确说明自己是如何创造价值的，不只是多少，还有怎么来的。不仅是公司与其股东之间的关系，更是公司与整个世界的关系。不仅要说明业务增加方式，而且还要说明最终增加的结果。

正如美国会计准则委员会（Accounting Standards Board）在2009年发布的《迎接挑战》（*Rising to the Challenge*）报告中所指出的："商业模式不能仅仅通过数字来传达，而要靠报告的叙述来讲述公司如何创造现金。"

在维护投资者关系方面，公司可以从最成功的影片类型之一——肥皂剧中学到很多东西。肥皂剧的一个特点是开放式的情节叙述。只要收视率和广告收入保持稳定，整个故事情节就会持续下去。这可能意味着在50多年的时间里，同一群人在一个紧密联系的社区中不断发生着故事。多个故事情节的发展创造了叙事的动力，并保持了多年活力。

这些独立的故事情节有开头、中间和结尾（通常具有难以置信的戏剧化冲突），因此，即使社区的主要故事情节不断进行着，叙事的多样性也能在情节上得到满足。如果肥皂剧能够转向商业，那么是否可以将附有情节的年度报告用于维护投资者关系？

我并不是建议每一桩事件都应该写进年度总结，如婚外情、纵火案和谋杀案……这有点太过透明了。然而，对于一种最终与维护投资者关系有着同样目的的影片类型来说，还有很多值得学习的地方：让它的观众与它保持一致，让开放式的、无限期的内容都与其观众保持联系。成功的话会引起人们的痴迷，肥皂剧迷们会非常忠实于这些角色和社区，而虚构与现实之间的界限则会变得十分模糊。

肥皂剧是一个竞争非常激烈的行业，连续剧之间存在着持久的收视率大战，在商界，收视率将直接转化为广告和赞助收入。快消品制造商试图利用广告和赞助，使他们的产品和肥皂剧中的角色一样，对观众产生影响。

这种长期的商业关系的建立是维护投资者关系的目的。它隐含的信息是：与我们同在，故事将变得更好，回报将更加令人满意。它是怎么做到的呢？

通过将"肥皂剧"的叙事动力构建到报告中，并在长期关系构建中融入一些人的参与。这需要讲故事的人赋予每个故事以意义。

实现这一目标的一种方法是使关键业绩指标在每年的年度报告中更加突出。如果目标与现实仍有距离，那么请提供清晰的地图、连贯的路标和进展报告。这些都是发展道路上的里程碑。在一定程度上，这份年度报告是对正在进行的旅程及其叙述的阶段性进展报告。这些里程碑使得公司不断发展，也让以投资者为中心的开放式叙事变得连贯一致。

通过这种方式，该事件的各个故事情节聚合在一起，形成当年的一个连贯叙事，有助于将企业社区的过去、未来与现在联系在一起。一个成熟的公司毕竟是一个社区。它不仅有历史（背景故事）、资产和人员，还有不断的演变。新的"角色"加入了演员阵容，并带来了他们自己的经验和专业知识。他们为公司的故事做出了自己的贡献，要么作为塑造故事的明星茁壮成长，要么遭受着肥皂剧中戏剧性的失败。公司不断适应和发展，以应对世界的挑战和机遇。同样，肥皂剧的逼真写实是其持续吸引力的很大一部分，通过反映与自己生活息息相关的问题和戏剧来吸引观众。年度报告也可以采用一种更关注生活片段的方式。

在更广阔的世界里，公司面临的挑战和提供的解决方案背后的驱动力是什么？它是如何触及人、事、物的？肥皂剧往往发展出一种很强的地域感，如以伦敦为背景的东区人、曼彻斯特的加冕街、约克郡农村的艾默代尔……因此，报告需要展示他们对所经营的特定市场的掌控能力。它越是接近这个市场，就越能激发投资者的信心，让他们相信它对这个世界的描述是准确的。

由于企业要面对的实际问题比肥皂剧中要复杂得多，因此企业在承认其风险状况时需更加透明，在如何处理这些问题时也要更加一致。在行动中减少风险的证据可以纳入个案研究，以表明风险正在被认真对待，并能够转化为积极的结果。这不仅更有说服力，而且采用了强大的戏剧性的冲突克服公式，从而产生了积极的效果（正如前面PPT例子中所建议的那样）。故事需要戏剧化的事件，而诚实地承认重大风险能激发可信度和信任。

2000年，IBM的报告就是一个典型的例子。通过故事讲述来使投资者社区渡过难关，他们没有像往常那样在封面上写些令人安心的陈词滥调，而是决定直接切入问题核心，总结他们这一年经历，就像从小说早期作为开端读起的一篇欢快的文章。

在模仿 18 世纪的凸版印刷中，它通过以下方式吸引了美国公司的注意：

这是一个充满挑战的时代。互联网泡沫已经破裂，所有的科技公司都受牵连，或者牵连很深。因此，它承认自己遭遇了"惨痛的失败"，但也"顽强地东山再起"，就像它的观众在成长过程中听到的故事一样。这是美国，好人总会赢得胜利。通过有意识地唤起（如果不是模仿）讲故事的口头和视觉修辞，公司把自己塑造成一个勇敢的幸存者。比起对灾难的敷衍和对未来的模糊乐观的承诺，它更有效地应对了危机。

他们确实卷土重来了，IBM 不仅是一股需要认真对待的顽强力量，而且还是一位经验丰富的故事讲述者。它的"智慧地球"倡议计划是一个引领潮流的例子，大品牌通过发布高质量的内容来吸引他们的受众，而不仅仅是推销产品。但正如 IBM 早期涉足自我意识叙事领域所展示的那样，故事是让你的听众支持你的好方法。如果你把报告当成是一个敞开心扉的机会，并让人们参与到你的旅程中，而不是履行义务，那么你更有可能风雨同舟地把他们留在你身边。

案例研究为叙述提供了绝佳的机会，并展示了实际的商业模式。由于应该与解决的特定问题有关，所以它们需要拥有一个核心主题。这个核心主题已经完成，因此，叙述的开头、中间和结尾也要完成。日常业务实践中杂乱无章的内容可以进行调整和精心制作，以说明公司的核心能力、经验教训和取得的里程碑。一切都是为了能引人入胜地讲好故事。此部分实际上应该成为每年一期的叙事中心。然而，又有多少公司真正地充分利用了案例研究的潜力（包括所有的戏剧性、风险、惊喜或挑战）？

每个案例研究都可以被视为一个单独的故事情节，展示更广泛的企业社区及其故事的价值和重要性。然后考虑这些内容，就像最扣人心弦的肥皂剧故事情节，以反映更广泛的叙事并与整个世界相关，并涉及你所参与的价值链。这些应该是你的故事此时此地的快照，以及完整的叙事和结束语，同时也是持续和开放式叙述的一部分，可以使你与观众的关系保持鲜活。而且，扣人心弦的情节可以确保观众收看下一集，因此在情节层次方面精心设计的叙事，将有助于使你的观众保持预期的参与度。在这一年中，如果通过某种沟通渠道保持连贯持续的对话，并且将这种关系作为一种开放式、前瞻性的叙事方式来培养，那么年终就并不是你的故事的真正结尾。

最后,由于角色识别是肥皂剧成功的核心,公司可能会更仔细地考虑如何呈现自己的"演员阵容"。再一次说明,有必要使其变得个性化,以鼓励企业社区的明星将其故事发扬光大。从僵硬的照片和类似列表的简历中脱颖而出。每个演员肯定都有自己的故事,这能为更广阔的故事情节做出贡献。这些角色是什么?他们给决策过程带来了什么?他们的经验与你讲述的故事有什么关联?

培生(Pearson)是一家能非常有效地做到这一点的公司,它的领域是出版和教育业务。作为企鹅(Penguin)出版和英国《金融时报》等品牌的拥有者,他们会倾向于练习讲故事的做法,这并不奇怪。因此,他们的2011年度报告以图片丰富的PDF格式发布。对于培生这样的公司来说,向外界展示它正面临数字技术给其核心出版产业带来的挑战是非常重要的。

这就是培生正在做的。有关于新收购的短视频,对关键事实和数据的动画演示。但最重要的是,有演讲和访谈显示了董事会成员和关键主管亲自解释了其战略意图和发展。就连拍照都很难确定重要人物的身份,更不用说拍摄视频了。因此,这表明了一个公司的真正承诺——它想要解释其发展方向并带动人们。

建立融洽的关系,而不仅仅是"汇报",你将赢得企业界迫切需要恢复的信任。

如何利用可持续发展报告讲故事

新的报告要求清单第三项是，更有效地将财务信息与非财务信息披露结合起来。考虑到这一点，我将"可持续发展报告"从年度报告中剥离出来，作为一个单独章节列出。

尽管许多公司声称可持续发展"影响着我们所做的一切"，但他们却倾向于只在其网站的指定页面或独立报告中声明或支持这一观点。这种做法实际上并不高明。

那么，"综合报告"到底是什么意思呢？又如何实现呢？拉德利·耶尔达公司可持续发展主管本·理查兹（Ben Richards）提供了一个答案，首先解释了它不是什么："它既不是一份包含大量可持续发展内容的年度报告，也不是一份在各个时间段都添加上信息的年度报告，更不是一份试图面面俱到的报告。"那好，它到底是什么？"这是一个旨在通过单一叙述展示财务和非财务因素之间关系的报告。"听起来不错。但当我遇到诸如"非财务披露"之类的短语时，警钟便开始响起。这一挑战源于历史遗留问题。可持续发展本身的"背景故事"意味着它从一个截然不同的角度出发，并相悖于其他强硬对手的行为。

我并不是在谈论可持续发展的政治意味，而是将其作为更广泛的企业叙事的一部分来讲述的挑战。政治在这里只是部分问题所在。虽然任何公司都可以自由地讲述自己的故事，解释自己如何创造价值，以及自己的发展方向，但可持续发展的故事属于每个人，且都是关于问题本身的。它是由说客遗留下来的不受欢迎的议程所形成的，而这一议程在历史上是与投资者群体的利益相冲突的。这是一个集体的故事，以吸引眼球的标题为主导，这些标题可以简单而耸人听闻地总结为"如果我们

137

不立即采取行动，我们都将陷入困境"。公司对这个故事的贡献是要解释其为缓解这个集体问题所采取的措施。

我认为这是一个挑战。简单地说，主要投资者的叙述通常是关于财务的，而可持续发展的内容很少。前者关于增加（商业、经济）影响；后者是关于减少（负面）影响的。投资者和分析师更多关注的是公司底线，以及公司如何为股东创造更多价值。这完全符合其主要观众的兴趣。增长是每个人追求的目标。

但从广义上讲，可持续发展的叙述势在必行，这涉及一家公司必须采取令人信服的理由，说明其为减轻负面影响所采取的措施。无论是在环境、社区福利还是员工福利方面，问题需要得到解决。在更大的问题出现之前，你所采取的克服困难的行动，都能为你的能力和形象加分。

我的主题之一是，故事拥抱旅程，并满足了人类对进步动

力的渴望。在 2004 年的电影《后天》中，威胁纽约市的怪物不再是哥斯拉或星际外星人。这是环境忽视的报应，是所有痛苦灾难的根源。然而，主要的故事情节仍然涉及一位环境科学家的旅程，他在各种环境灾难中，营救他疏远的儿子。这次旅程仍然是一个深切的个人旅程。撇开娱乐性不谈，它再次表明好莱坞所完善的叙事原则即使在应对当今世界面临的最严峻挑战时也很重要。我们需要高度的应变能力，不仅要应对可持续发展故事中所描述的挑战，还要应对故事本身所面临的挑战，即如何将其与主要的企业故事更紧密地结合起来。

我们完全有可能做到这一点。相较于家长式的"企业社会责任"，"可持续发展"一词的主要优势之一是它适合渐进式叙事。持续是一个动词，表示承诺要做某事和要去某地，并坚定不移地朝着一个进步的目标迈进。对于以目标为导向的旅程而言，它是重新构图的完美选择。

那我们该如何去做呢？通过再次向好莱坞学习，通过将政治个人化。如果可持续发展的故事属于说客和媒体人，那么企业将永远在别人的史诗中扮演"重要角色"。每个人都知道这很重要。企业需要解释的是，这与它们的具体业务有何直接关系。

这并不是要在问题上高谈阔论，而是要展示一个公司的个人可持续发展战略是如何反映出对其核心业务或对品牌有直接影响。图书出版公司里德·爱思唯尔集团（Reed Elsevier）就是一个很好的例子。里德·爱思唯尔的核心产品是信息，它将信息出售给科学、医疗、法律、商业和风险专业人士。其可持续发展活动的核心是其所谓的"独特贡献"。正如它所解释的那样："我们相信，当我们将我们的专业知识应用到诸如科学和卫生的进步、法治和正义的促进以及社会秩序的维持等领域时，我们将产生最重大的影响。"

如果知识就是力量，那么像里德·爱思唯尔这样的公司可以产生最积极的影响，让那些最需要它的专业人士受益。其案例研究通过解释它如何通过信息传播，帮助组织解决人口贩运问题；以及通过解释它如何支持发展中国家的医学、农业或环境保护来说明这一点。由于专业知识是其品牌的全部，因此，里德努力通过展示其业务的全球价值，从而不断巩固其核心故事。如果你所做的贡献是独一无二的，那么你讲述的故事也可以是独一无二的。

因此，实质性策略可以强化品牌故事，也可以直接使企业受益。

因此，重要性提供了一个关键的机会，让即便是最持怀疑态度的观察人士相信，通过可持续经营，一家公司就能维持自己的业务。具有讽刺意味的是，由于可持续发展故事的政治渊源，一家公司在其采取的措施中表现得越私心，甚至"自私自利"，它的故事就显得越有说服力。因此，公司应该清楚地了解其可持续性方法如何带来收益。无论是创收、降低成本、管理风险还是激励员工，只要利益一致，故事就可以被整合。通过将自己的核心商业故事和目标与可持续发展议程相融合，企业开始将政治问题进行个人化处理，并对这些问题拥有可信的解释权。个性化的可持续发展故事，是将财务故事与非财务故事整合在一起的第一步。

联合利华就是英国公司实现这种战略整合的一个著名例子。该公司在2004年作为一家"品牌公司"重新推出，它使用对消费者更友好的徽标以宣传其产品，并为其多样化的产品系列增加隐含价值。从该公司当时的声明来看，可持续性问题是促使其走出幕后的一个主要因素："我们所处的世界正在改变。消费者越来越多地向品牌背后的公司提出要求，越来越多地将个性化观点纳入自己的购买决策。他们想要可以信任的品牌……以联合利华的形象出现在我们产品背后，将使我们能够在透明度和问责制方面迈出下一步。"

其2010年推出的《可持续生活计划》进一步致力于将可持续发展作为其主要企业战略的核心组成部分。他们并没有将两种不同的叙述拉向不同的方向，而是将战略意图的平衡表达融合在一起："在发展业务的同时，减少我们的环境痕迹，增加我们对社会的积极贡献。"

联合利华认识到可持续发展的业务符合每个人的利益，因此它不需要用"分叉的舌头"说话。正如它宣称的那样："根据我们的经验，可持续性推动增长。"它的理由是：消费者需要它，其客户和供应链合作伙伴需要证明这一点，并鼓励公司进行创新，从而赋予公司竞争优势。因此，联合利华可以通过专注于其核心业务的积极影响来调和其增长的雄心。

卫宝（Lifebuoy）是其历史最悠久的旗下品牌之一，卫宝旨在为维多利亚州饱受疾病困扰的居民提供廉价的卫生设施。如今，它在亚洲、非洲和拉丁美洲的部分地区也发挥着类似的作用。在这些地区，西方人现已默认的简单卫生措施，可以在不同的市场产生重大影响。卫宝健康洗手行为改变计划（The Lifebuoy Handwashing Behaviour Change Programme）的重点是减少呼吸道感染和腹泻，这是世界上导致儿童死亡的两大主要原因。到2015年，它的目标是通过推广其产品来改变10亿消费者的卫生行为。现在，这些举措并不单单是可持续发展措施，以平衡其追求利润的主要业务。它清楚地表明，这些市场措施极大地增加了品牌吸引力，并构成了关键的增长机遇："世界上有数十亿人值得拥有肥皂、洗发水和清洁饮用水等高质量的生活产品……"我们不应该为增长感到羞耻。只有当你拥有综合策略和综合业务叙述时，才能真正声明自己的东西。

因此，整合叙事始于目标一致。如果核心商业故事和可持续发展战略面临不同的方向，并且似乎想要不同的东西，那么它们将永远不会一致。但是，如果它们试图回答同样的问题并实现类似的目标，它们将构建一个更强大的集体故事。通过联合起来并成为一个单一的叙事项目，核心商业故事和可持续性故事将能够并存。

正如我之前强调的那样，一家上市公司现在有义务解释其商业模式，为什么它所做的是一个涉及整个世界的价值链的一部分。如果它想要讲述一个更引人入胜、增进信任的故事，它就必须更加突出地体现其人性化的一面。可持续发展的故事源于这个世界，涉及真实、切实和非常紧迫的问题。联合利华的整合叙事很好地展示了这种整体思维，将消费者、社区和投资者带入了同一参照系。

故事是一种很好的展示变革可能性的方式，它不需要说教，但前提是它们能说明真实情况和切实可行的结果。这就是寓言的力量，以问题为中心的叙述展示了一个隐含的行动过程，而没有明确告诉人们该做什么。这也是为什么肥皂剧不仅对产品赞助很有用，而且还能提供赞助的部分原因。肥皂剧，尤其是在英国，非常擅长把真实的问题和世界上的问题编织进故事情节。这有助于维持它们对现实主义的主张，但也通过叙述的发展和解决使大问题更容易处理。

正如肥皂剧中的每一集都能解决问题一样，每一个支持核心业务的个案研究都标志着公司朝着既定、可管理和可衡量的目标迈进。但是，如果这些故事对核心业务而言不具有实质性意义，那么它们对企业而言也是无用的。

如果一个公司的可持续发展故事反映了对其员工来说至关重要的问题，那么政治问题就变成了现实意义上的个人问题。当然，员工福利是企业可持续发展的重要组成部分。但是，员工在寻求将强大的可持续性纳入组织文化时也至关重要。正如本所说："可持续发展问题通常会与个人的信仰产生共鸣。如果这个故事涉及的方面不仅仅是赚钱，还可以激励组织内的人成为故事的一部分。"如果这个故事是个人化和共享的，那么可持续性就会成为一个集体目标，并且成为一个更有说服力的故事。问一些诸如"这对我、团队和所有人来说意味着什么"之类的问题。提高员工的工作主动性，而不是变成大多数人无法触及的管理独白。

这在一定程度上也是利用讲故事的方式。关于可持续发展的重大新闻（尤其是环境问题）是一些遥远、巨大的问题，对任何一家公司甚至一个国家来说都太大了。但关于可持续发展的个人故事使大问题更贴近日常生活,并留下个人解决的可能性。因此,它们似乎不那么难以解决,而且可以切实地向外部和内部受众表达公司的价值观。

这把我带到了下一个讲企业故事的重要地方:企业内部。

如何利用员工讲故事

我在这里谈论的是员工敬业度,有时也被称为内部沟通。故事在这里扮演着重要的角色,因为它是关于人的。不是数字、结果、战略、愿景、价值观或信息,而是人。勤奋、敬业、有价值、能言善辩、独立、无安全感、心怀不满、无所事事、无法控制……的人。这是许多组织的"最大资产"(至少他们是这么说的),但如果他们不认为这是真的,这也是他们最大的不利因素。如果不是为了人们,企业讲故事将是一件相对简单的事情。

如果你讲述的故事和你所经历的现实不相符，那么你的故事就是个谎言。对于提供服务的品牌来说，它们的形象在很大程度上取决于员工和其行为方式，或他们建立的个人关系。正如沃利·奥林斯（Wally Olins）所观察到的，在这种情况下，"组织最重要的受众是它自己的员工"。

如果人是最终的问题，那也是解决方案。故事是我们以人为本的交流方式。因为它最终存在于接受者的内心和想象中，所以人们是传播真理的真正媒介。通过帮助建立内部信念和归属感，故事为组织中所有个体的参与提供了一把万能钥匙。信仰和归属感是人类渴望叙事的基本驱动力之一，它们可以通过挖掘来塑造我们内心的强大力量。

故事的成功在很大程度上取决于其可信度。即使是最疯狂的虚构幻想，也必须在其设定的范围内保持合理。解释世界的产生原因和运行方式是故事最古老的功能之一。这种智慧是信

仰的基石，因为了解事物以可预见的方式发生，是解释原因的前提。经验世界的"原因"可以通过叙述建立信仰共同体。因为，正如布赖恩·博伊德所指出的那样，"宗教信仰更多地来自故事，而非教条"。如果你有一个主要的故事来解释为什么，那么经验主义可以滑入伦理，对某人或某事负责。信仰对任何一个社会来说都是一个强有力的凝聚和规范性原则，它塑造了一种意识，即信仰从何而来、应如何行动和走向何方。

　　人类并不特别擅长改变。然而，商界依赖它，不停地寻找新的致富之路，寻找要征服的新世界。故事也总是关于变化的。他们通过引入冲突来创造戏剧性的兴趣，并通过解决他们所创造的问题来建立叙事动力。虽然人类可能会抗拒强加的或无法解释的变化，但他们确实喜欢并需要故事。他们的自我故事也可能涉及个人目标、抱负和旅程。我们通过自己讲述的故事来主宰自己的生活。员工只是我们在复杂的人生戏剧中扮演的一个角色。生活总是不断地给我们一些经验，这些经验通过故事（回忆、逸事、流言蜚语）让我们理解。我们不断地讲述着关于生命的故事。在这种背景下，讲故事的两个方面都是相关的，因为叙述为抗拒的个人和坚持的企业之间提供了一座桥梁。

斯蒂芬·丹宁著名的"跳板故事"概念就是要利用故事来影响变化。正如他所说：

"跳板故事是一个故事，可以使听众获得理解上的飞跃，从而掌握组织、社区或复杂系统的变化方式。"

这些故事帮助领导者实现组织变革，并通过诉诸内心力量和想象力来克服阻力。故事使人们能够以鼓舞人心的方式描绘未来，并将自己视为未来的一部分。正如丹宁所指出的那样："任何有新主意想要改变世界的人，讲故事都比提供理由要好。"历史上，空想家、革命家反复说明了这一点。未来总是通过故事（乌托邦和反乌托邦）来进行设想，并通过叙述提供进入新现实的"跳板"。

如果你自己的故事不够鼓舞人心，则可以随时借鉴一个。彼得·古贝尔的书《论赢之道》（*Tell to Win*）以他个人的故事开头，讲述了他如何在商业环境中发现讲故事的力量。古贝尔是一位成功的电影经理人，其公司哥伦比亚影视公司于1989年被索尼公司收购。古贝尔发现自己成了一位落魄的首席执行官，带领着一群士气低落的员工。他的团队缺乏方向感，对"7000

英里之外、文化差异巨大"的组织没有任何归属感。但古贝尔把自己塑造成一个英雄，决心找到"一种创造性的方式，说服索尼和我接手的那群迥然不同、心怀不满的高管团结起来，为未来而战"！

古贝尔引用了阿拉伯的劳伦斯的故事，这个故事是彼得·奥图尔（Peter O'Toole）在1962年的电影《阿拉伯的劳伦斯》中塑造的一位不朽人物。1917年，劳伦斯尝试了一项不可能完成的任务，他联合了一群分散的阿拉伯部落进攻一支土耳其驻军，以捍卫现在在约旦港口亚喀巴（Aqaba）地方的控制权。在土耳其人保卫海洋的时候，劳伦斯穿越了被认为无法通行的尼福沙漠，到达了亚喀巴。他的成功帮助阿拉伯人实现了一定程度的团结，并将奥斯曼帝国驱逐出该地区。古贝尔把奥图尔饰演劳伦斯的照片装裱起来，分发给所有的高管，当他们的决心发生动摇时，就会喊出类似"亚喀巴"这样的口号。接下来，根据古贝尔的复述，这是好莱坞的诞生历史。

人们只有在能够找到与自己的个人叙述相关的内容时，才会对故事做出回应并参与其中。这就是为什么像"最大化股东价值"这样的事情不是一个故事。负责执行此任务的人员如果希望帮助实现这一目标，将需要找到一些鼓舞人心且与个人相关的东西。在这种情况下，通过个人认可的参与是必不可少的。正如拉德利·耶尔达的伊莎贝尔·柯林斯（Isabel Collins）所解释的那样，员工是独一无二的，"因为他们既是故事的表演者，又是观众"。他们在任何意义上都是至关重要的。

励志故事在确保人们理解并实现愿景的旅程中可以发挥重要的作用。但这些愿景几乎都是乌托邦式的，如果不通过与集体戏剧中各个演员的角色直接相关的叙述来加强，这些愿景就不可能无限期地得到维持。在这里，个人故事在支持企业或有远见的叙事中发挥作用，如果它们不以交付任务的人的日常现实为基础，就可能崩塌。

叙述使事物栩栩如生，使它们具体而互联。这不仅适用于抽象的理想或激励人心的愿景，也适用于具体的问题。通过故事可以让人更有效地理解和内化对健康与安全保持警惕的重要性。行为准则或规则清单令人难以记住，对大多数只想继续工作的人来说，它太过枯燥或略显遥远。这类文件通常详述"是什么"，即人们的期望是什么，而"为什么"对于树立信念和影响变革至关重要。故事很适合解释"为什么"，它将问题置于语境中,并通过叙述来展示行动的后果。故事阐明了事物之间的关系,让人们看到更大的图景,并理解自己在其中的角色。

拉德利·耶尔达为铁路网(Network Rail)拍摄的一系列安全影片的目标,便是通过讲故事的方式展示更大的图景。铁路网负责运营和维护英国铁路网的基础设施和系统。

当然,安全是至关重要的,因此在整个组织中始终需要加强其原则。为使该网络有效地运行,有必要采取整体的观点,人们不仅要考虑自己或团队的角色,而且要考虑他们所做的事情如何产生连锁效应。

该公司委托制作了一系列短片来宣传这种"系统安全"的思想。这促使我们建议打破常规。安全电影倾向于描述"首先发生一些糟糕的事情,然后从中吸取教训,从而告诉你不应该做的事情"。它们往往是相当有说服力的,但是,这种可怕的景象也会耗尽人们的情感体验,让人反感,却几乎没有为它们所要传达的内容留下多少空间。

因此,为了打破这种常规,马丁(Martin)和他的团队建议使用幽默感，并且这种幽默感与通常的生活片段有截然不同的风格。幽默不但可以解决棘手的问题，而且还可以打破障碍，使人们的思想处于更容易接受的状态。他们最后使用了动画。在一个复杂的、多方面的系统中，比如铁路网，重要的是人们不要想得太狭隘。现实的镜头可能会让人们关注细节而不是眼前的大问题：认为"那不是我的领域，那不是我的问题"。

因此，该团队创建了整个网络的图解，然后通过一系列动画事件使其栩栩如生。一个完整的世界被创造了出来，每一集都讲述了在这个庞大但相互联系的世界中某个地方发生的不同事件。不过，这些事件并不是《玩具城》（*Toy Town Fantasies*）的幻想。每一个故事都是基于真实的逸事和事件，这些逸事和事件是通过咨询管制员、铁路工作人员收集而来的。

我最喜欢的是铁道上的一头拉屎的奶牛，以及戴夫（Dave）正确执行操作后如何避免潜在事故的故事。这个故事通过讲述两次故事、两个不同的结局，给人们带来了惊喜。第一次故事描述了可能发生的事故——奶牛在轨道拉屎是对系统的潜在威胁，这加强了人们对系统安全的思考。接着，故事情节发生了逆转，重播了实际发生的事情，灾难在戴夫的正确操作下得以避免，结局皆大欢喜。

使用喜剧而不是悲剧意味着专业精神可以得到赞扬、分享和加强。真实的逸事也可以通过这些电影在整个网络中传播，一头拉屎的动画奶牛也能引发宏观思考。

信念只是通过故事吸引内部观众的一部分。没有归属感产生的情感联系是不完整的。归属感是故事的另一个基本功能和结果，指出了叙事在部落纽带中的作用。分享一个共同的故事能有力地把一群不同的人聚集在一起，分享共同的价值观，追求共同的目标。正如乔纳森·戈特沙尔在其引人入胜的著作《会讲故事的动物》（*The Storytelling Animal*）中所指出的，讲故事的部落功能非常深入。他甚至提出了一种相当反直觉的观点，即宗教可能通过神圣的叙事发挥进化功能，让人们围绕共同的信仰和价值观走到一起，这可以鼓励对部落生存至关重要的合作行为。

故事不仅反映了现实，还强化了行为规范，创建了以道德标准为纽带的合作社区。在出现文字之前，人们只能通过口头方式进行传授，而叙述是确保信息活在想象和记忆中最有效的手段。想想八卦吧，这是人类需要讲故事的最常见的表现形式。流言的传播能调节和维持默认的行为规范。当然，八卦在企业环境中是一种普遍现象，这种文化倾向于通过讲故事来产生更有建设性的影响。

当然，对任何试图影响群体的任何人来说，让群体合而为一是最闪耀的一种方式。这就是为什么宣传者发现分享故事（以及公众集会）远比单纯传播教条更为有效的原因。然而，这种影响力不一定是恶意的，它可以被用来确保一个企业更有目的性地作为一个整体行事。

分享个人故事的行为本身就能让人们走到一起，任何篝火聚会都证明了这一点。对于安妮特·西蒙斯这样的专业讲故事者来说，这是企业叙事的主要角色之一。她认为，与泛舟漂流或彩弹射击等短暂的团建活动相比，叙述是一种更有效、更持久的吸引人的手段。如果人们有共同之处，他们更有可能作为一个群体行动，而且，由肾上腺素激发的同志情谊，会久久地萦绕于人们的记忆深处。故事成了这种群体社区活动的核心本质，它不仅是一种强大的情感"编舞"体验，也是人类通过对共同经验及价值观认可而形成的一种强有力的联系。故事的分享本身就能发挥纽带作用。

当需要消除组织内部根深蒂固的分歧和隔阂时，这种联系尤其有用。"我们"的感觉几乎总是依赖于"他们"。如果"他们"是竞争对手，那也没关系，因为共同的敌人是团结一个部落的好方法。不论"他们"是一个部门内的另一个团队、同一楼层的另一个部门、另一个地区、最近收购的一家公司，还是那些认为自己在掌舵一条快乐之船的高管们，"我们"与"他们"全都朝着同一个方向前进。

如果一个公司讲述的大故事与个人或他们的团体没有相关性或共鸣，这些人可能会赞同更加团体化的叙述，从而破坏和分裂官方的叙述。他们会带着他们自己的不满或冷漠的故事，而你必须努力用你自己的故事来代替。但你得先听听那些故事。个人的故事，或者属于一个团队的故事，可以在个人和集体之间架起一座桥梁。如果没有这种建立联系的中间叙述，大公司的故事可能显得过于抽象和遥远。个人故事有助于团队叙事，而团队叙事反过来又能找到个人与企业叙事的连接点,并为信念和归属感建立基础。

如何利用网络讲故事

网络是一个截然不同的空间。在那里所发生的一切都迥然各异。规则不断被改写，现状永远在改变。多平台、用户的微观细分，都可能导致故事破碎和品牌淡化。企业独白的旧模式是行不通的。用户希望从企业按自己的需求量身定制内容，以适应他们的观点，并对他们的买单负责。他们"总是在变"，花费的时间很少，甚至没有耐心。如果你无法适应他们的要求，那么你就失去了他们。在这个颠三倒四、不断变化的世界中，故事叙事可以发挥什么作用？我们是否必须完全重新思考过去发生的一切?

不完全是。虽然我们不应该期望旧世界的手段和方法能灵活地适应这些新渠道和新环境,但我们不应该被这些差异吓倒,也不应该被这些技术压倒,以至于我们忽视了在这些动荡的时代生存的共同特征:人性。只要是人类在创造和参与数字体验,故事就会有一席之地。我们只需要在如何应用它的原则方面更加足智多谋——更清晰、更连贯,尤其是更有联系。

如果故事的首要原则是清晰,那么重点在于:简单明了。主题清晰,少用行话,管理细节,保持行和段落的简短,每个段落都有一个主题。

当用户浏览而不是阅读内容时,你必须格外警惕,确保他们不会错过要点,也不会深陷某些细节的地牢。我们应该知道,网络用户是一种特别缺乏耐心的群体,他们试图同时做着成百上千件事情,然而却被各种干扰所包围。你只是他们所觅事物的一个可能来源。他们将花很少的时间去寻找它。在网上,吸引注意力显得格外重要。

布赖恩·博伊德认为,注意力也是讲故事的一个主要心理因素。现在人们可能特别需要它,它在我们作为一个物种的进化中也发挥了关键作用。正如他在《故事的起源》中所解释的那样,古老的社会达尔文主义观点认为,进化会奖励自私,而进化论者现在强调社会单位内合作的适应性优势。但是,个人仍然需要在这些部门中竞争。为了资源,也为了爱。正如博伊德所说:"灵长类动物越具有统治力,别人就越关注它们。"他引用媒体仍然给予富人和名人的过多关注作为衡量他们成功的标准。但他也解释了讲故事是如何吸引注意力并让人感到满足的:"我们渴望被接受,如果可能的话,也渴望得到尊重、威望和地位,因为它们能带来改变。由于艺术可以吸引注意力,能赚到大笔的钱,所以艺术家会强烈地受到欲望的驱使。"

吟游诗人、小丑、喜剧演员都能在引人入胜的讲故事动态中找到自己的出路。如果故事能让一个昏昏欲睡的皇帝在宫廷的喧嚣中保持清醒,那么它肯定能在拥挤的地铁上对不耐烦的分析师和记者们产生作用。经过数千年的叙事实践，他们已经完善了吸引注意力和观众的手段。

如果公司网站是你了解世界的一个重要渠道，那么它需要保持透明，把你的故事放在显眼的位置，以便立即脱颖而出。视频是实现这一目标的好方法。这一次，我将简要介绍一些事实和统计数据，因为这些特定的统计数据本身就很引人注目。

研究发现，包含视频的网页出现在谷歌搜索主页上的概率要比其他高出50%，并且由于内容确实在基于文本的结果列表中非常突出，因此点击率更高。

另一项研究发现，有90%的互联网用户会在四秒内浏览文本网站并离开，但是如果在主页上出现视频，则只有60%的用户会在四秒内离开。该研究还发现，访问者在具有视频功能的网站上平均停留5分50秒，而在基于文本的网站上则平均只停留42秒。

《福布斯》杂志对美国企业高管的上网习惯进行了调查，近60%的受访者表示，他们会先看视频，然后再阅读同一网页上的文字。有 75% 的人每周至少一次在商业网站上观看与工作相关的视频。有 26% 的人每天都会观看网站上的商业视频。视频让我们了解更多。《福布斯》还发现，有 65% 的受访者在观看了别处的视频后访问了供应商的网站；而有 53% 的人进行了搜索，以找到更多的信息。移动的图像也促使我们行动起来。

视频铺天盖地。尽管这是吸引观众的有效媒介，但是网络用户的注意力要求你必须提供优质的内容。有 53% 的用户会在一分钟内关闭在线视频。因此，网站上的视频必须简洁明了或者制作精良。

这就是挑战真正开始的地方。

众所周知，故事应该有始有终。即使是戴维·林奇（David Lynch）和塔兰蒂诺（Tarantino）的电影，他们把顺序叙述推向了极限，最终也会给观众埋下一条故事线，如果我们顺着故事

情节去搜寻的话，就能理出一条线索。但在线观众可能做不到这点，你无法控制网络旅程的起始点和过程，更不用说终点了。起始点是用户进入网站的位置（如果使用的是谷歌搜索，则用户可能在任何位置进入网站），而终点是当他们说"就是这个"的时候。正如我所说的，连贯性对于原本随机的信息转化为故事至关重要，而网络的本质就是随机性。

用户体验（UX）这一学科是专门针对这一需求而发展起来的。如下所述，用户体验可能被认为是讲故事的网络术语：

"用户旅程是指用户在使用特定网站时，为达到其目标所采取的一条路径。用户旅程用于设计网站，以确定不同的方式，使用户能够尽快实现其目标。"

除了对速度的最终考量之外，该定义对于虚构和戏剧艺术必不可少的"贯穿"概念也非常有用。娱乐故事将角色的主线作为它们的目标和激励目的，然后在剧情发展的过程中设置障碍和创造冲突，使戏剧得到发展。用户体验也是依赖于原型"角色"的习惯偏好研究，来确保核心用户群快速达到他们的目标。这些角色与小说的角色一样，都有背景故事、名字、抱负、爱好和癖好，但最重要的是目标。可以设定不同的场景，但都需要确保这些角色在不同的情况下能够达到他们的目标。

在用户体验中，单个网页被认为是"将用户从一个步骤带到另一个步骤的决策点"，决定的是虚拟人物和网站用户在旅程中的行为。正如我所说，叙述是一种解决问题的机制。这不仅适用于获得乐趣，也适用于实现目标。在娱乐故事中，结构化旅程本身就是目标。在网络通信中，这是达到既定目标的有效手段。用户和讲故事的人思考同样的问题，包括动机、方向和背景，来创造连贯的叙事旅程。

理论上是这样的。但他们也可以自己创造叙事顺序。人类的大脑喜欢建立联系和寻找模式，并从解决问题中获得乐趣。还记得编剧的明智建议吗——电影应该给观众2+2而不是4。在网上你可能无法直接给他们4。但用户可能自行拼凑了2+2，甚至是1+1+1+1。当然，这首先要从一个清晰的概念开始，这个故事是什么，然后通过实例为策划提供有关内容的支持信息。一个企业网站可以充当实时讲故事的信息源，通过真实的、相关的和及时的故事与用户进行互动，以期用户了解关于你所做的工作及其重要性。

165

我最近参与了一个以该原则为中心的项目。全球医疗保健公司葛兰素史克（GlaxoSmithKline）希望重新设计其公司网站。公司希望可以与所有利益相关者以更具吸引力的方式分享故事。葛兰素史克已经有了一个伟大的故事，其使命是："通过让人们做得更多、感觉更好、寿命更长，从而改善人类的生活质量。"

然而，葛兰素史克是一个复杂的组织，致力于科学研究和开发。它需要将实验室中可能发生的事情（如在试验后期阶段取得突破性进展的疫苗）与投资界渴求知识的需求联系起来，这通常意味着，他们深深地埋葬了自己的故事。

我们认为"做得更多、感觉更好、寿命更长"这句话本身就有很大的意义。因此，我们建议将其用作连接葛兰素史克在线展示故事的叙事线索。虽然有大量潜在的故事，但网站无法展示太多信息，这意味着高价值和有影响力的内容往往被埋没。精彩的故事需要浮出水面。因此，在我们确保投资和科学界、记者和求职者可以轻松访问到他们所搜信息的同时，我们还希望该网站在公司的叙述中提供一种更身临其境的体验。

葛兰素史克的核心故事与所有这些受众都息息相关，因此我们在主页上设计了一个醒目部分，邀请所有用户"探索葛兰素史克"。通过解释他们在全球范围内的影响，为他们的世界打开了一个窗口。这些故事显示了他们在制药、疫苗和消费者医疗保健等领域的业务广度，"做得更多、感觉更好、寿命更长"为这一切提供了主题和重点。这条线贯穿整个网站架构，确保无论你身处何处，又欲往何处，都可以理解葛兰素史克的全部含义。通过邀请用户探索葛兰素史克的生平故事，我们把他们自己的故事搬上了网络。

通过清晰显示引人注目的内容以及连贯的用户体验，公司网站可以成为公司讲述故事的理想场所。但这就是网络观众想要的吗？他们不是主要在搜索信息吗？如果你的故事妨碍了这种需求，那么它将产生与设计初衷完全相反的效果。一般情况下，人们通过自己的网络、第三方论坛或博客来获取他们所需的信息，而实际上，企业网站可能是人们获取所需信息的最后的一个选择。故事要在网上生存和发展，就必须适应这个"国情"。

内容可能仍然是"国王",但在这个民主化的时代,内容已沦为"立宪君主"。它必须与首席部长密切合作,并最终对领域中的新生力量(即用户)负责。

用户总是在变化,他们希望内容能适应其需求。正如最近一份有关数字营销趋势的报告所总结的那样,一刀切的办法再也行不通了。设计需要具有适应性,允许内容流向不同的群体,并可扩展到不同的环境。内容所有者现在需要编写一次并多次发布,而不能再将企业网站视为中央广播中心。广播不再站得住脚,因为用户根据其情况和偏好越来越需要更多的定制内容。他们不希望有人把东西推给他们,而是他们自己把搜索的东西给拉进来。

这些"用户"是谁?在传统意义上,他们是否确实符合我们为其标记的投资者、媒体、企业或客户身份?这样的标签可能使公司的内容创建和管理更加容易,但不一定反映用户访问信息的方式。在任何一天,业务客户都可能是产品或服务的潜在投资者、雇员或消费者。然而不过一天时间,这一切又将会发生变化。因此,在调整内容以适应受众时,最好考虑的是心态和行为,而不是这种死板的名称。要真正了解用户的心态和行为，就需要一种更以人为本的沟通方式。用户越是处在优势地位，渠道所有者就越需要将自己的传播目标置于个人用户的需求和习惯之下，也就越需要对如何在线讲述自己的故事进行重新思考和定位。

在这个新的移动媒体环境中，受众实际上是在旅行。是否需要你的陪伴是他们说了算。所以，你要跟上他们的步伐，是要根据他们的旅程来塑造故事。

第五章

品牌故事的延伸发展

通过社交媒体和网络赋予的个人权力,可能正在侵蚀传统意义上所谓内部与外部、受众和作者、品牌所有者和品牌消费者之间的差异。我认真考虑了这些新兴潮流如何影响故事的讲述及其原则,并将在此进一步阐述。其中包括重新审视我在第一部分中介绍的讲故事场景模型,以考虑新兴趋势可能对企业故事的未来造成的影响。

重新审视商业故事的三大领域

我把讲故事的场景设想为三个不同层次、相互关联的领域。最低端是我所说的故事冲动。这包含了大多数人每天都在自然地、甚至无意识地参与其中的故事讲述的日常世界。这是一种最基本、非正式的讲故事方式,深深植根于我们人类的起源。八卦是这一领域最具代表性的故事方式。

第二个领域,我称之为故事商业,它的结构化和专业性都要强得多。故事成为一种有意识的实践,通过叙事技巧来获取快乐和利润。虽然我们知道它的故事并不属实，但我们仍然欢迎并积极寻找它们。任何形式的小说，无论是文学、电影还是戏剧，都可以涵括在这一领域的特征范围。

我把第三个领域称为商业故事，它包含了商业或管理中的所有沟通艺术。尽管其专业性很强，但它在讲故事方面只是半结构化的，可信度和接受度都很低。具有讽刺意味的是，尽管它声称是真实的，人们却不太愿意相信来自这个领域的故事，而更愿意相信第二领域的小说。专业术语是其特有形式，将它与第一类故事区分开。矛盾之处在于，第一领域的人恰恰也是商业故事最终依赖的受众、出售产品或服务的对象。第三领域迫切需要第一领域的信任。

我建议，为了取得第一领域的信任，第三领域的补救办法是有意识地采纳第二个领域的一些原则。通过积极的故事讲述，它可能会更轻易地达到想要的目的。本书主要传递给大家的信息是，如果希望实现目标，商业故事就需要接纳故事专家的叙事方式。

但这只是持续到近期的关于故事场景的简要说明。新情况的出现意味着这一场景必须得到修正,并提出新的假设。

　　这三个领域在历史上和空间上都是可以理解的。它们对应三个大致连续的时代,每个时代都有自己的时间轴。第一个领域的时间轴是最长的,从史前一直延伸到今天甚至更远。讲述、消费和分享故事的冲动是这一浩瀚历史的特征。虽然不同的技术和社会经济发展已经改变了这种放纵或利用基本冲动的方式,但人类的基本认知能力仍然完全相同。人类是这条时间轴线上的普遍变量,它完整地贯穿于和其他两个领域相关的所有发展之中。

　　第二个领域的古老程度排名第二,其时间轴始于有记录以来的历史和文化的起源,口头叙事传统正是为了便于记载和传诵。以口头形式流传并与宗教信仰相关的英雄原型、神话传奇成了文学人物,其冒险活动也为他们自己带来了乐趣。从荷马开始,诗人作为(半)职业说书人的形象诞生了。文学韵律规则,如亚里士多德的《诗学》和后来的《诗歌艺术》中所规定的规则,确保了讲故事被提升为由具有文化素养、生活悠闲的精英主导的技艺。

177

这条时间线的两个主要特点是权威的唯一性以及通过持续技术发展不断增加的内容传播渠道。虽然每位民众都可以通过口口相传把故事传播下去，但专业的叙事技能却奠定了作者作为意义和价值单一来源的地位。从大众走向唯一，这方面最著名的例子就是把《圣经》编辑和翻译成一个封闭的、大众认可的权威版本。

随着印刷术的发展，这种趋势逐渐固定下来成为传统。诗人、剧作家、小说家以及随后而来的电影制作人，通过熟练地运用印刷工具，在故事创作上打上了自己的烙印。后启蒙时代，诗歌成为一种职业，作家们在创作的故事中宣称了自己的知识产权。19世纪，版权得以在国际上确立，允许作者拥有知识产权并防止其故事被商业盗版，同时可以通过印刷技术大规模传播。从印刷术到电视，再到互联网，技术促使作者能够将故事传播给越来越多的观众，成为不同形式的文字或屏幕图像版权。作家最终成为这个时代的品牌。

故事讲述的网络革命

但互联网和社交网络已经开始改变力量的平衡,并带来了一场故事讲述的革命。之所以称其为一场革命,是因为通过挑战作者单一来源的"广播"模式以及受限的传播方式,讲故事正在重新获得许多早期的属性。通过技术的进步,它实际上正在回到它的起源。

从版权所有者到多个共享者。在写作和专业作家崛起为单一的内容来源之前,故事属于每个人。它们会以不同的形式自由流通，并随着每一次复述而演变成新的内容。在口述的传统故事中，故事永远处于进行之中，是集体主义的产物。随着内容在社交网络上的分布式发布，这种传统正在回归。

乔纳·萨克斯最近指出了一个悖论，数字技术实际上正在鼓励人们回归职业化叙事之前的口头传统。他用"数字化"一词来描述这一具有讽刺意味的历史怪癖。对他来说，数字化标志着以故事产业的专业实践为主导的广播时代的终结。他解释说，在广播传统中，信息是由精英阶层生产、固定和传播的，因此"很难改变，而且改变通常是非法的。观众不会进行随意解读，不会把它混杂一团，也不会重新讲述……他们会消费它"。然而，在数字时代，"思想从来都不是固定不变的：每个人都拥有它们并有权进行修改。它们按照人们的意愿在网络中移动，如果没有这种活动，它们就会消亡"。传播技术已开始回归口头传统，使许多人能够参与并改变曾经由少数人控制的情况。

YouTube或许是这种精神在流行文化中最主流的体现，但它以小说的形式，在专业故事讲述的中心领域取得了重大进展。最具影响力的故事总是有自己的生命力，在想象力或读者的想象中成长，超越了书本的限制，实现了神话般的存在。类似 Fanfiction.net 这样的网站的存在，可以让一群有创意的爱好者通过精心虚构的方式，探索 J.K. 罗琳、斯蒂芬妮·梅耶斯，甚至柯南·道尔或狄更斯等作家原著中提出的种种设想的可能性。

由于最早的小说是神话和传说，而神话生物的形态是变化多端的，所以最受欢迎的技术改造类型是虚构的幻想小说。在 Fanfiction.net 上，最受欢迎的基于书籍的经典作品是《哈利·波特》《暮光之城》和《指环王》。这类主题在今天和之前的职业化叙事时代一样具有相关性和共鸣性。出于发自内心的热爱，勤奋的业余爱好者热情参与进来，恢复了这一暂时被贬低的词语的积极意义。

从被动的个人消费到实时的积极参与。故事最初是公开演出，而不是私下消费。戏剧起源于宗教仪式，一些公共叙事演出甚至延续到了 19 世纪。在大众文化和廉价纸张兴起之前，故事会被大声朗读给一大群人听。在学校里或由家长们朗读的故事保留了这种仪式的魔力。孩子们喜欢（尽管父母讨厌）一遍又一遍地聆听同样的故事。部分原因在于他们是通过重复进行学习的，乐于在认知发展的形成阶段识别熟悉的事物，但同时也是因为讲故事的神秘仪式性质。故事并不完全是关于内容的，它的一部分乐趣在于与他人分享经验。

虽然被动地消费故事是文艺复兴以来的特征（至少在文学艺术中），但一些沟通的实践行为又重回以往。科技固然孤立了个体之间的多重联系，但与此相悖的是反而让他们比几十年前更亲密。趣闻逸事、故事和视频的实时交流是全球范围内的热门选择，这让叙事再次成为参与性的话题。视频远比文本更具社会性，作为一种媒介的感染力，它突显出社交媒体已经恢复了对叙事交流的社会性方面的需求。

流言蜚语传遍全球。至少，人类交流的需求得到了前所未有的放大，并受到了现有技术的潜在影响。我认为，八卦或许是故事冲动最具代表性的叙事方式。正是八卦以各种各样的形式，让Twitter上的订阅和全球小道消息传得沸沸扬扬。就如彼得·莫维尔所说：

"当然，我们已经利用了技术设施，将八卦场所从饮水机旁扩展到了网络空间……如今许多杀手级应用的核心正是八卦的力量和流行程度。它可能在伦理或效率方面并不理想，但它代表人们被连接起来的方式,这一场景是古老相传而不可改变的。"

"古老而永恒"的故事冲动通过各种方式掌握了大众传播媒介。口头的、集合的和逸事性的故事恢复到它职业化之前的起源。这并不是说,专业故事的形式和结构已经完全被这个能力强大的业余爱好者们组成的新世界抛弃。这些原则之所以形式化,是因为它们建立在心理需求的基础上,而心理需求一直是叙事满足的目标。从一开始,社交媒体就表达了一种根深蒂固的叙事偏见,并遵循故事讲述的传统。

如今被称为社交媒体的第一个流行版本是纪念。在英国,像同学网(classmates.com)和老友联盟(friendsreunited)这样的网站允许数百万人重新回顾和再现"过去的故事"。毫无疑问,这些重新联系点燃了无数的旧情,所以"约会"就变成了字面上的意思:把"原本可能"变成"永远幸福"。浪漫和怀旧将极客小圈子变成了一种主流现象,由一种通过怀旧建立联系的冲动所驱动。老友联盟甚至还衍生出了一个名为"基因团聚"的分支,将数百万人的背景故事呈现在一代人的视野中。保存家谱是口述诗歌最早的功能之一,挪威传说中那些冗长乏味的祖先名单可以为证。博客重新复兴了一些最早时期小说的书信体和日记形式，就像当时的作家一样，现在博主也喜欢采用第一人称的叙述方式，把戏剧性的直接和真实的亲密感带入他们所生活的世界。博客的成败取决于其内容的质量和引导大众参与的能力，在竞争激烈的市场中，调整故事叙述的规则以适应简洁的要求。

虽然社交媒体是一种生动、可扩展的连接形式，但它留下了永久的痕迹，总有一天会变成有意义的叙述。类似 Pinterest 这样的馆藏网站变成了在线古董陈列柜、活过来的博物馆（最终是陵墓），展示了我们对于文化的热爱。Facebook 把我们所有过去的事件、喜好和情绪都化为公共档案。现在我们为自己撰写悼词，用过去所有事件和情感的逝去来纪念和描述我们的生活。

讲故事经历了一场获取信息的革命，但它本身并没有发生根本性的改变。改变的是故事消费者成为故事创造者和出版商的能力，以及业余八卦者以以前无法想象的规模传播其故事的能力。这改变了我所描绘的故事场景。随着曾经只属于故事行业的技术和影响力被用来满足数百万人的故事冲动，这两个领域的边界正在被逐渐侵蚀，变得越来越模糊。在日常生活中，非专业的、八卦趣闻的交流传播方兴未艾。与之相比，专业的故事讲述者和叙事影响者的作品在数量上甚至影响力上都黯然失色。如果前两个领域正在合并，那么第三个也是最后一个领域在哪里呢？这场讲故事的革命对商业故事有何影响？

消费者地位的变化

第三个领域的时间轴是最新的，出现在作家和艺术家知识产权得到巩固的时期。故事专家的版权与品牌的诞生以及为推广这一新现象而开发的故事的商业背景重叠，第三领域由此从中浮现出来。

品牌作为商品识别的符号出现，而故事则以广告的形式伴随这些符号。这些故事让创意和情感与这些品牌联系在一起，提升它们的价值，并提升它们与人们生活的相关性。品牌从符号演变成概念。随着时间的推移，它们变成了人们对产品、服务或组织形成的想法和看法（通过经验获得）的总和。品牌被赋予了意义，并通过这些意义表达它们与人们生活的关联。

然而，这些明确的含义很大程度上是由市场营销人员设计的，他们控制着媒体，通过媒体传播与这些品牌相关的思想、情感和故事。商业故事，就像故事专家一样，在"广播"的传统下运作，并且依赖于许多类似的传播媒介。面向公众的品牌意义主要是单向的，通过营销信息和叙述来进行沟通，形成品牌所要传达的理念、情感和体验。

品牌总是需要故事来传达它们的意义。它们也一直在创造故事。最具影响力的小说作品催生了无数的续集、分支，最具代表性的品牌创造的故事比它们讲述的故事还多。耐克的"Just do it"是完美的消费者故事生成器。这不是耐克公司的故事，而是隐藏在数百万响应其号召的个人背后的故事。"它"反映或激发了多少个人愿望，就有多少种讲述方式。这不是耐克的故事，而是这个品牌自己创造出的一个早已存在的神话。作为一个品牌和公司，这些故事推动了耐克自身的发展。同样，美国梦也用了三个单音节词来表达，在无数民众的故事中变得强大。

187

然而，在网络和社交媒体出现之前，这些故事的影响和传播性都是有限的。它们仅仅存在于个人的想象或记忆中，而奇闻逸事或个人倡议则局限于人们随口传播的小道消息，注定只能存世短短的一段时间。随着叙事革命的兴起，口述像病毒一样流行开来，私人的体验变成了公共感受并将永久存留。并非品牌使用故事来传达理念，而是故事决定着品牌的理念。品牌正在成为所有关于它们的趣闻逸事的总和。此外，由于市场上的消费者比品牌、活动或公司公布的信息要多，因此，与品牌官方认可的故事相比，围绕一个品牌流传的消费者故事可能更多。如果一则逸事可以找到一个品牌的故事——一个基础的神话故事，某个真实的时刻——那么，通过社交媒体的放大，它可以重新创造或打破它。品牌一直是人们所认为的那样；现在人们有了更大、更具影响力的话语权。

消费者不必被动消费信息，也不必主动购买商品或服务；他们可以积极地创造和传播自己的故事，这对一个品牌的命运有着比官方故事更大的潜在影响。在工业时代，为了应对大规模城市化带来的问题，品牌应运而生。在广袤的城市里，没有人知道在购买商品或服务时应该相信谁。与乡村生活相比，人们几乎很难通过能见度、记忆、人际关系、口头八卦来衡算责任，也很难彼此信任。为了满足这些需求，各品牌开始纷纷出手。

然而，大规模的互联互通可能会让整个世界再次成为一个大村庄。我们聚集在虚拟的全球市场，交谈沟通，建立关系。一切都是可见的，一切都是可追踪的，每个人都有责任感，因为闲言八卦是至高无上的。我们知道该相信谁：网络。因此，品牌所要解决的问题不再那么迫切。只要存在竞争，就需要品牌化；然而，如果品牌要与现在积极参与理念创造和传播的受众保持相关性，它就必须不断进化。讲故事可以提供解决方案，但是它已经适应了新的局面，即大众获权共同创造参与的新环境。

企业讲述方式的变化

可口可乐公司2011年4月发布的内容营销宣言"流动性传播和策略性链接"就是一个引人注目的例子。可口可乐公司计算出,在YouTube等热门网站上,有关其品牌的内容实际上只有10%是由该公司制作的。可口可乐的回应是,开始积极吸引这些用户作为共同创意伙伴参与其故事。该公司将此举描述为:"我们与消费者互动的方式迈出了一大步……从单向的信息……转向创造吸引人的体验和关于其品牌的互动对话。"因为正如他们所承认的:"没有人头脑有那么聪明。"因此,他们现在倾听消费者的想法和意见，并让他们作为品牌含义的参与者参与其中。"流动性和关联性的想法必须引发对话，然后可口可乐公司必须一年365天对这些对话做出反应。"这种动态的方式标志着可口可乐眼中的公司"讲故事的演变"。全球品牌推广巨头开始将它的广播抛诸脑后。

对于消费者品牌来说，遵循叙事流程是很有意义的。品牌总是精心打造核心理念，并需要保持和受众的相关性。同时实现这两个目标的方法是，将病毒式传播和市场测试结合起来。实际上，可口可乐将市场数据称为"新的沃土，我们的想法将在其中成长，数据传播者将成为新的救世主"。

然而，这实际上正是可口可乐公司的举措。它的新宣言旨在让从消费者到投资者的所有利益相关者都参与进来，讲述它的故事。这些变化的背后代表着企业极为大胆的雄心壮志。该公司宣称："可口可乐公司打算从现在到2020年将业务规模扩大一倍，这意味着，如果我们要实现如此巨大的销量和业务增长目标，就必须重新考虑每一项营销规范。""流动性传播和策略性链接"是这种激进反思的结果，它见证了公司从"创意卓越到内容卓越"的转变。或者说，从世界知名品牌的创造人和推动者变为故事的传播者。

2012年11月,可口可乐将其公司网站彻底改头换面,成为一份互动杂志,朝着这个方向迈出了重要一步(当时我以为自己就要完成这本书了)。在保留相同网址(http：//www.coca-colacompany.com)的同时,将网站重新命名为可口可乐之旅,并重新定位为公司及品牌的故事共享中心。

旅途中,故事无处不在。它是主导航栏目的第一项,通常会在这里找到"关于我们"(About us),它也是主页的主要焦点,不断刷新丰富内容。他们通过视频、博客或社交媒体来分享故事,而不是用英雄照片来传播企业信息。可口可乐仍然是这场秀的主角。《可口可乐之旅》最初是一份内部杂志,后来却被重新打造为公司主要的企业交流中心。正如一位发言人所解释的那样："我们有品牌页面,我们想把内部分享的所有伟大的故事都拿出来,与世界共同分享。"

可口可乐有着悠久的历史和庞大的业务,因此有丰富内容可供分享。虽然内容以可口可乐为主题,但绝不是枯燥的企业独白。这里有以可乐为主题的食谱,从人类角度讲述的关于装瓶材料的创新视频，存档的纪念品，关于可口可乐公司在全球称为"社区"的可持续发展故事，投资者信息、"商业"故事和观点，以及来自 70 多万名员工的人物特写。可口可乐有很多话要说，但它也有超过 5000 万的 Facebook 粉丝，并正在积极地与粉丝们和其他社交媒体社区互动，让他们参与到这一旅程中来。整个网站都嵌入了定制的社交媒体订阅，在主要社交媒体网站上系统地交叉传播内容，并协同努力鼓励其故事分享中心的入站流量。无论对内沟通还是对外交流，一切都是通过讲故事来实现的。

这就是"流动性传播和策略性链接"的含义。"流动性"是关于内容的循环。如果内容不够吸引人，就没有人会分享它。如果他们不能在一款功能最简单的手机上讲述自己的故事，那么，用可口可乐发言人的话来说，"我们的故事还没有讲完"。这就是"链接"的由来。虽然内容需要自由流通，但它们必须遵循清晰的品牌战略和连贯一致的理念。"畅爽开怀"，这一理念是可口可乐最新一代的消费者策略，也是他们新内容营销运动的焦点。可口可乐解释道："内容卓越的作用是表现得像一位冷酷无情的编辑，否则我们将冒着制造噪音的风险。"因此，可口可乐正将其一贯标榜的鹰派式"无情"的品牌管理效率，运用到其新的全球故事讲述者形象上。

"将所有的事物加入进来,每个人都加入进来,被邀请成为旅程的一部分。"这不只是一个消费者品牌对其想要瞄准的目标群体的口头承诺。可口可乐拥有多个利益相关者和受众,但旅程几乎很少尝试根据批准的公司策略将他们隔离开来。

作为一个社区的一部分,投资者与品牌粉丝擦肩而过。如果后者误入投资者那个部分,他们可能会遇到以下合规术语——"以下陈述可能包括1934年《证券交易法》(*Securities Exchange Act*)第 G 条规定的某些'非公认会计准则财务衡量指标'。"那里可没有多少快乐。或者,如果他们发现公司宣称的愿景可以用一个词概括——不是"开怀",而是"利润"——他们可能会短暂地停下来想一想。但在硬币的另一边,投资者部分却得到了明确的证据,表明持续性的故事讲述的价值和利润所在。雄心勃勃的增长目标需要专一的叙事策略。然而,可口可乐知道,讲故事是人类的普遍需求:"它是所有家庭、社区和文化的核心,也是可口可乐公司125年来一直擅长的事情。"因此,在这个全球对话的新时代,讲故事为可口可乐成为全球通用货币的长期梦想提供了最佳途径。通过强大的传播渠道,教导世界说出自己的故事。

连接是品牌故事的真谛

可口可乐演变成一个讲故事的公司,或许标志着一个更重要的变化:品牌从管理资产演变为分享故事。我相信,这就是正在发生的事情,也是为什么古老的叙事艺术最近变得如此重要和迫切需要的原因。即使在这里,商业故事最顽固的企业沟通领域也是如此。企业品牌,就像它的消费者品牌一样,如果想要与它最终依赖的人保持相关性,就必须不断发展。它必须进化成讲故事的人。

传统上，消费者品牌通过讲故事的方式蓬勃发展，以广告的形式创作叙事艺术作品。用户和观众的投票迫使他们暂时停止滔滔不绝的独白，开始倾听……然后再重新加入现在的对话中。正如一位内容策划专家的完美总结："在社交内容方面，你必须比你观众的朋友更有趣。"寻求对话的品牌也必须准备好倾听和回应。在定义品牌理念和分享故事时，如果不允许受众们的共同创意参与，那么即使是最有趣的打岔，它仍然仅仅只是一个中断。

消费品牌一直在寻找意义。起初，它们仅仅需要被优先选择。然后，它们需要被爱。现在它们希望被分享。但品牌很大程度上是抽象的，只有通过体验才能使其变得富有意义和具象化。经验会引来奇闻逸事，通过奇闻逸事进而引发传播。分享品牌故事最终会给品牌带来它们一直渴望的意义。把它们带入生活，证明它们和我们的生活息息相关，给它们发声的机会。产品品牌实际上并没有发言权（尽管天真地希望获得新生，终日喋喋不休）。但是消费者有，而且他们确实应该对品牌的意义拥有重大的发言权，这是正确的。一个产品品牌最终可能成为消费者所说的那样，而不会失去它的识别性或相关性。恰恰相反，如果它产生的意义是积极的并引发传播，那么这个品牌已经达到了它的目的。就像最好的故事一样,它提供了一面镜子,反映了互动对象的需求和欲望。

在这种模式下,产品及其推广不再是一种商业行为,而是一株葡萄藤,需要栽培、收获,并作为它们与消费者关系的生动证据来展示。证据恰恰就在于围绕它展开的叙述之中。在这个美丽的新世界,故事与其说是在推广品牌,不如说是在为品牌的意义提供载体。如果一个产品萌生了很多积极的故事,那么它就是相关性和共鸣的证明。这些故事成了品牌自身故事的一部分。不再是与人工需求相关的抽象名词,而是通过它们生成的故事所表达的真实意义。通过参与共同创造的对话,消费品牌的未来证明了它们与网络世代息息相关。

如果消费者品牌需要聆听,那么企业品牌就需要倾诉。虽然产品实际上无法发声,但公司却拥有发言权。它需要找到自己的声音并更有效地利用它:通过讲述自己的故事。

企业界最需要的是,把故事讲得最出色:建立信任所依赖的人际关系。这并不意味着每个品牌都必须或能够像现在许多人所宣称的那样成为"出版商",而是必须明确它的核心故事要说什么，以及为什么最终这很重要。虽然消费者品牌可以灵活地适应对话的交互，但企业品牌需要更加专注、专一，最重要的是，在讲述故事的方式上必须更加清晰。故事之中不存在产品，只有关系和体验，而关系和体验可以通过叙述来培养和表达。企业品牌如果希望在最需要的地方发挥其功能，就必须扮演故事讲述者的角色。事实上，现在这个时代对企业品牌的需求比以往任何时候都大，通过讲故事来实现企业目标的机会也比以往任何时候都多。

如果一家公司不宣讲自己的故事，可能会有很多其他人代替它来讲述。这可能并非该公司想要分享的故事；但如果它比公司本身传达出来的信息更清晰、更有分量、更引人注目，那么最终这就将成为该公司的故事。在这个嘈杂的世界里，沉默不是一种选择。它只会加剧公众的不信任，最终导致孤立。一家公司必须清楚而坚定地将自己的故事公布于众。它必须以一个清晰的理念开始对话，并确保理念前后一致，始终贯穿于所有的传播渠道。

如果核心品牌的故事真实反映了内在的自我，那么它所产生的故事、建立的联系，也应该是真实无误的。公司将建立积极的反馈循环，支持并放大公司希望分享的内容。如果故事需要发展，那就顺其自然吧。它必须走向外界，生活在那些它需要关联的人的想象和倡导中。如果它被断然拒绝，那么这可能表明它没有实质内容，必须重新思考和对其进行定义。品牌们独白高唱的日子结束了。

只要存在竞争，就会有对品牌的需求。差异化仍然是必需的。但这种差异将建立在关系的意义上。这种关系将是真正动态、互利的联系，各方都与品牌以及品牌的意义相关。品牌可能不再是一个事物，而是一个过程；是一个动词而非一个名词；是一段旅程，如同故事一般的经历。

一个共享的故事不仅仅是与人的关联，它也是一种联系——所有和品牌相关的痕迹，对品牌价值和真相的叙事证明。如果企业通过故事分享能够像人类一样发出声音，拥有连贯的自我意识、清晰而富有吸引力的自我表达，那么企业认同就可以名副其实。通过这种方式，故事最终实现了品牌的承诺。理性上，它的关联性表现在清晰完整的理念和连贯一致的表达；情感上，它所服务的明确需求将会触及作为人类的核心意义。故事是人与人之间的普遍联系。

互联的世界需要互联的货币。故事一直扮演着这样的角色。它的真正领域在于想象力，真正载体则是思想的流动和交流，作为一种货币流通和生存，具有改变人们思考、感觉和行动的力量，最终改变世界。在这个比喻成为流行语之前，故事就已经像病毒一样扩散"走红"了。现在正是叙事流行的时候。互联网和社交网络仅仅是人类渴望叙事的见证，通过人际关系的交流、讲故事来建立联系。

就像从前一样，故事冲动如今一如既往地强烈，可以通过曾经只属于故事专家的手段和媒体来表达。当这两个领域合二为一时，商业界就有了一个自然的发展方向，那就是通过故事讲述的方式与人类世界建立联系。随着第一和第二领域逐渐融合为一个广泛、相互关联的强大区域，第三领域不再是孤立的。商业现在必须与它最终依赖的世界建立联系。最终将会形成一个领域、一个世界，通过讲述故事的方式聚集在一起。

世界真的只有一个。人们不再活在碎片里。所有的一切，唯有连接。

致　谢

　　首先，我要感谢 LID 出版社的马丁·刘（Martin Liu）对本书的建议。我要感谢所有为本书写作、设计、出版做出贡献的人。感谢伊莎贝尔、布雷特（Brett）、迪安、马丁和本提供的深刻见解；感谢吉姆·博多（Jim Bodoh）、安德鲁·戈尔曼（Andrew Gorman）提出的意见与建议；感谢达莫（Damo）、尼克（Nick）、杰文（Jevon）和亨利（Henry）的视觉设计；还要感谢卡尔·拉德利（Carl Radley）、迪安·拉德利（Dean Radley）、戴维·威廉斯（David Williams）、戴维·金（David King）、米歇尔·奥贝（Michelle Obee）和普里蒂·科查尔（Priti Kochhar）对本书面世的付出。最后，我由衷地感谢所有为本书付出的人们。

声明：我从在企鹅出版集团工作的时候开始持有一些培生集团的股票，但这并不是我说它们年报好话的原因。

设计：尼古拉斯·梅（Nicholas May）和达米安·诺埃尔（Damian Nowell）。

作者简介

罗伯特·迈厄尔（Robert Mighall）的职业经历十分丰富，虽然涉及多个领域，但贯穿其个人发展的主线却是"故事"。他拥有英语文学和历史学博士学位，曾获得牛津大学默顿学院（Merton College）研究奖学金，在牛津期间还写了一本关于维多利亚时代小说的书。

从牛津大学毕业后，他继续担任《企鹅经典》系列丛书的编辑，负责确保世界上最伟大的故事能够被现代读者获取并阅读。他出版并发表过关于奥斯卡·王尔德、查尔斯·狄更斯（Charles Dickens）、罗伯特·路易斯·史蒂文森、威廉·莎士比亚、约翰·济慈和威廉·巴特勒·叶芝（William Butler Yeats）等人的作品。

早期他做的是著名品牌的维护,后来他开始成立代理公司去创造品牌。他现在是一名作家/品牌顾问/企业故事讲述者,供职于拉德利·耶尔达全球传讯咨询公司,公司总部设在伦敦,是欧洲最大的独立综合咨询公司。

他的职责是发现品牌背后的惊喜创意,并通过一系列企业沟通,将它们清晰而连贯地表达出来。他的客户包括英国葛兰素史克公司(GSK)、壳牌(Shell)、劳埃德银行集团(Lloyds Banking Group)、英美资源集团(Anglo American)、斯特瑞亚和培生集团。

本书从罗伯特专业经验中汲取了双面见解,综合了他在故事商业和商业故事发展中的所学所思。他的第一本商业书的全部内容就是通过有效讲故事的原则,消除这两个世界之间的差别。